中等职业教育“十二五”规划教材

中职中专会计类教材系列

传票翻打技能训练实用教程

陈雪松　主　编

章　惟　副主编

杜秋红　主　审

科学出版社

北　京

内 容 简 介

本书是针对中等职业学校财经商贸类学生学习由大连爱丁数码公司提供的翰林提学生技能实训机的传票翻打专项技能而专门编写的。教材分为“认识、学会、练好”三个方面，主要内容为初识翰林提技能实训机、认识传票翻打、学会传票翻打技能、练好传票翻打基本功。另外，对大连爱丁数码公司新推出的翰林提升级版——平板 PAD（13）的功能及其新的技能训练系统“单据录入”做了介绍和说明。全书从学生的需求角度入手，图文并茂，由简至难，通俗易懂，针对性强，力求与中职学生的认知能力和岗位技能的要求相适应。

本书可作为中等职业学校财经商贸类专业教材，也可作为相关人员学习传票翻打技能的参考用书。

图书在版编目(CIP)数据

传票翻打技能训练实用教程/陈雪松主编. —北京：科学出版社，2015.2
（中等职业教育“十二五”规划教材·中职中专会计类教材系列）

ISBN 978-7-03-043337-4

Ⅰ.①传… Ⅱ.①陈… Ⅲ.①会计学-中等专业学校-教材 Ⅳ.①F230

中国版本图书馆 CIP 数据核字（2015）第 029681 号

责任编辑：王琳 / 责任校对：刘玉靖
责任印制：吕春珉 / 封面设计：耕者设计工作室

科学出版社 出版
北京东黄城根北街 16 号
邮政编码：100717
http://www.sciencep.com

新科印刷有限公司 印刷
科学出版社发行 各地新华书店经销
*
2015 年 2 月第 一 版 开本：B5（720×1000）
2019 年 1 月第八次印刷 印张：4 1/4
字数：91 000

定价：15.00 元

（如有印装质量问题，我社负责调换〈新科〉）
销售部电话 010-62142126 编辑部电话 010-62135397-8004（HF02）

前　言

当前，中等职业学校各级各类技能大赛开展得如火如荼，传票翻打作为财会类国赛项目的一个小赛项而被各中等职业学校所认知、重视。传票翻打原本是一项传统的专业技能，在今天却以新的形式展现在我们面前，这就是使用大连爱丁数码公司推出的翰林提技能实训机所进行的传票翻打新形式。然而，目前在中职教学领域却缺少针对性强的传票翻打技能训练的教材。本书针对当前中职学生的认知特点，以提高学生传票翻打专业技能水平为核心，以增强学生专业岗位的适应能力为目标，同时为配合国家、省、市各级中职学生技能大赛的需要而编写。

本书具有如下特点：

1）针对性强。本书所涉及的训练方法仅针对翰林提技能实训机，而非珠算或计算器。

2）实用性强。本书所归集的训练方法基本上属于当前该领域内较为通行的方法。

3）示范性强。本书图文并茂，讲解、演示清楚，对于传票翻打技能的训练具有很好的示范指导作用。

本书由厦门工商旅游学校陈雪松担任主编，负责全书的编写工作，由大连爱丁数码公司章惟担任副主编，由厦门工商旅游学校杜秋红担任主审。在此特别感谢大连爱丁数码公司工作人员在资料提供方面给予的大力支持。

限于编者的水平，书中难免有所疏漏或不足之处，敬请读者批评指正。

编　者

2014年10月

目　　录

任务1 初识翰林提技能实训机

任务目标

1. 了解翰林提实训机的构成。
2. 了解翰林提实训机开机前的注意事项。
3. 掌握翰林提实训机的开机步骤。
4. 掌握翰林提实训机的基本检测方法。

任务分析

翰林提技能实训机，对于首次接触到它的学生来说还是有些神秘的，那么，我们首个任务的目标就是揭开它的神秘面纱，迅速了解实训机的基本构成、掌握开关机要领及基本检测方法等。

本任务的完成虽然并不难，但毕竟是最基本的任务，因此务必认真对待每个细节，不可跳过本任务而急于进入下一环节。

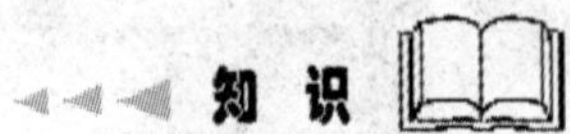

知识 1 开机前注意事项

当同学们第一次打开包装盒，取出翰林提实训机主机的时候，就应该首先了解一下开机前的注意事项，包括：

1）本机采用 1.5V 镍氢充电电池，充电时间每次 7～14 个小时即可，充电一次可以使用 5～6 个小时。

2）充电器有三个 LED 灯，中间为电源灯（绿色），两边为充电灯（红色）。接上电源，电源灯亮，充电灯不亮，装上电池后红色充电灯亮起。

知识 2 一般故障检测方法

同学们在使用翰林提实训机的过程中，难免会遇到各式故障，而遇到故障时，同学们往往会先想到厂家维修，其实，有些问题我们自己就能解决。

若无法正常开机或无法操作，可按照不同现象检测故障原因。

1）先检测电池正负极是否装反，并保证电池有电。

【提示】刚撕去外包装皮的充电电池无法保证都带电，请充好电后再试即可。

2）检查键盘与主机是否连接好，键盘是否已经插到主机底部。

3）若开机无法显示操作界面，而是英文程序，请将 TF 卡取出后再放入；若还是无法显示操作界面时，说明是 TF 卡程序丢失或卡故障，更换 TF 卡即可。

4）若上述操作都正常但是按下开机键后就是无法显示操作界面，说明是主机故障。

5）若上述操作都正常，开机也能显示主机界面，但是键盘无法正常进行输入，可用排除法检测故障。

① 将主机与其他键盘连接，若还是无法操作，则说明主机接口故障。

② 将键盘与其他主机连接，若还是无法操作，则说明键盘故障。

实 训

实训 1 检查实训机设备配置是否齐全

实训目的

快速检查实训机设备是否配置齐全。

实训步骤

01 当我们准备开始正式使用翰林提实训机时，首先要做的工作是检查一下实训机的各项设备是否配置齐全。

02 实训机的主要设备包括一台爱丁主机（见图 1-1），一个黑色保护盒（见图 1-2），一个键盘（见图 1-3），一个黑色键盘包（见图 1-4），一个智能充电器（见图 1-5），两节充电电池（见图 1-6），一个 TF 存储卡（见图 1-7），一本使用说明书（见图 1-8）。

图 1-1　爱丁主机

图 1-2　黑色保护盒

图 1-3　键盘

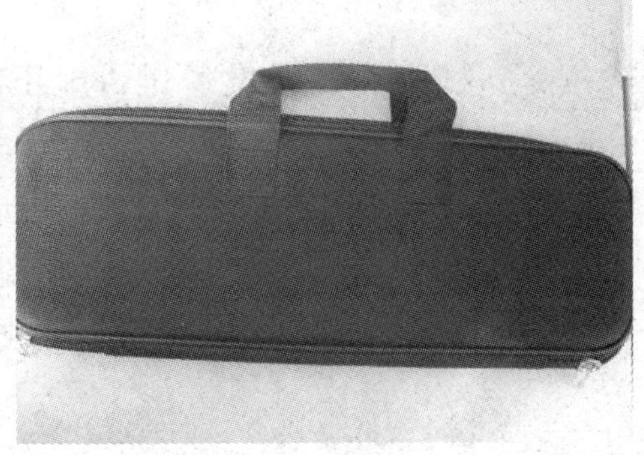

图 1-4　黑色键盘包

图 1-5　智能充电器

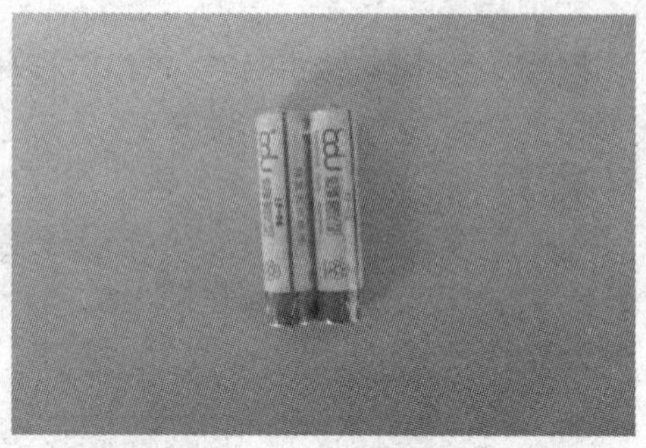

图 1-6　充电电池

图 1-7　TF 存储卡

图 1-8　使用说明书

实训 2　检验实训机设备是否能正常开机

实训目的

学会实训机正确开机。

实训步骤

01 将 TF 卡插入主机右侧的 TF 卡槽内（见图 1-9）。

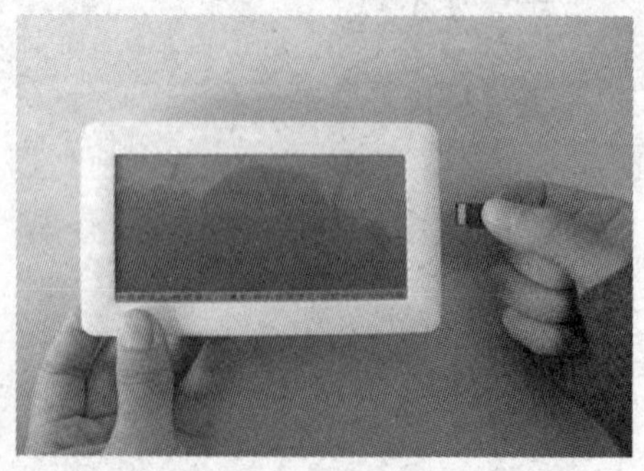

图 1-9　将 TF 卡插入卡槽

【提示】卡插入时将有金属铜箔的一面朝上，听到“咔”的一声表示正确装入。若想取出 TF 卡，只需用指甲轻按一下卡，其会自动弹出。

02 将电池外包装撕去，放入主机背面的电池仓内（见图 1-10）。

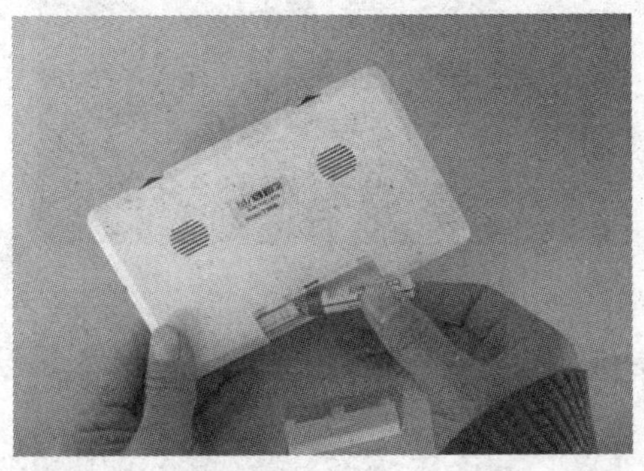

图 1-10　将电池放入电池仓

【提示】应按照电池仓内提示的正负极方向放入电池，正极朝外。

03 将主机放入保护盒即支架主机槽内（见图 1-11），并将支架反向折转用黑色铁脚架支住（见图 1-12）。

图 1-11　将主机放入保护盒

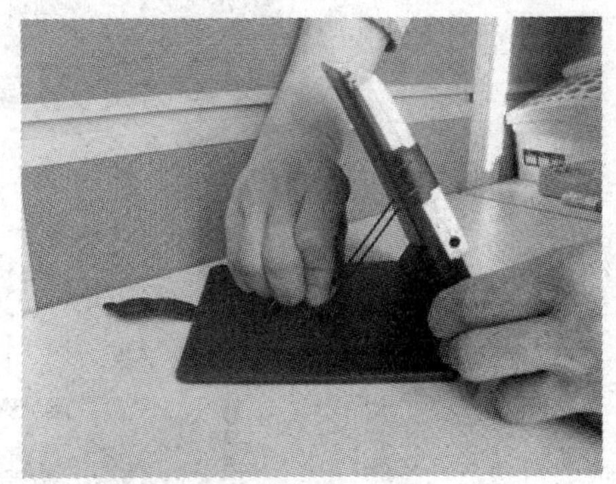

图 1-12　将支架反向折转

【提示】铁脚架有三个支撑卡位可调，可以自行调整支架角度。不使用机器的时候可将支架合起，起到保护主机屏幕的作用。

04 将键盘与主机连接（见图 1-13）。

【提示】连接时键盘接口梯形槽的位置应与主机接口一致，需插到底部。

图 1-13 将键盘与主机连接

05 向下长按主机右侧黑色拨轮键三秒左右进行开机（见图 1-14）。

图 1-14 按拨轮键开机

【提示】务必先将键盘与主机连接后再开机，若先开机再插键盘则无法识别。

06 正常开机后，主机屏幕显示操作界面，键盘的指示灯亮（见图 1-15）。

图 1-15 正常开机

任务2 认识传票翻打

任务目标

1. 了解传票翻打的含义。
2. 了解传票翻打的训练工具。
3. 熟悉并掌握实训机传票翻打的设置步骤。
4. 了解传票翻打的计分标准。

任务分析

任务 1 是对实训机本身的了解，本任务则是直接切入到传票翻打，作为一项技能的学习，首先得了解传票翻打的设置方法和步骤，因为设置不同，训练的过程和结果也会有所不同。

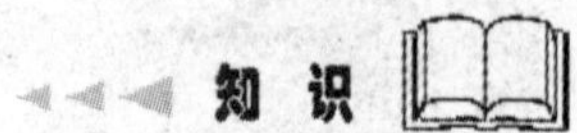

知识 1 传票翻打的释义

传票翻打，也称为传票算，是指在经济核算过程中，对各种单据、发票或凭证进行汇总计算的一种方法，一般采用加减运算。它是加减运算在实际工作中的具体应用，它可以为会计核算、财会分析、统计报表提供及时、准确、可靠的基础数据，是财经工作者必备的一项基本功，并于 2011 年被列入全国中职学校首届会计技能大赛的正式比赛项目。

在本书中传票翻打专指利用爱丁数码公司提供的翰林提技能训练终端即实训机所进行的传票翻打。

【提示】传票算是财经工作者日常工作中一项很重要的基本功。通过学习，要熟练掌握翰林提传票算的基本技能，包括操作流程、指法、翻打技巧等。传票翻打要求不仅要快更要准，需要掌握盲打技巧。

在超市、银行等财经专业毕业生的就业岗位中，要求熟练运用数字小键盘。翰林提传票算的训练不仅能提高学生的录入技能，还可以增强学生的动手能力，帮助学生养成良好的习惯，加强学生操作技能与工作岗位的对接。

知识 2 传票翻打训练工具

（1）爱丁数码翰林提技能实训机

翰林提技能实训机主要由主机、键盘、充电电池、充电器等部件组成（见图 2-1）。在全国会计技能比赛中，被指定为翻打传票项目的专用设备。

图 2-1 翰林提技能实训机

（2）传票码本

传票码本（见图 2-2）为活页式，全国会计技能大赛采用的码本规格为长约 19 厘米、宽约 8 厘米的 70 克规格书写纸，用 4 号手写体铅字印刷，每本传票共 100 页，每页五行数，由四至九位数组成。其中四、九位数各占 10%，五、六、七、八位数各占 20%，都有两位小数；页内依次印有（一）至（五）的行次标记，设任意 20 页的 20 个数据（一组）累加为一题，0～9 十个数字均衡出现。

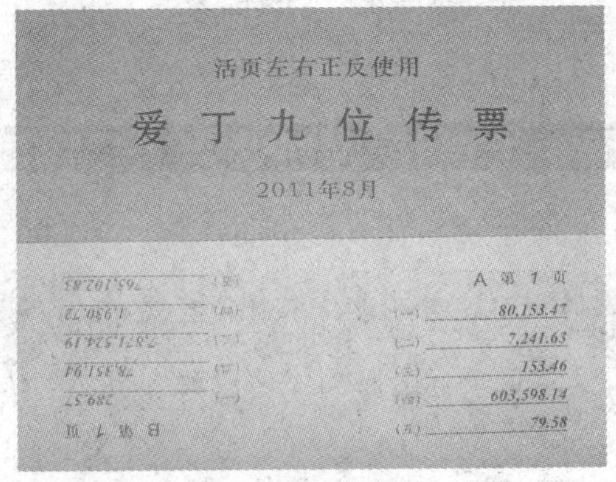

图 2-2　传票码本

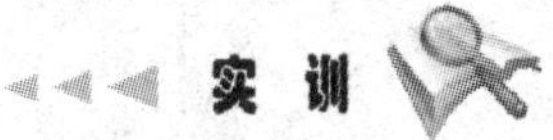

实训　翰林提实训机传票翻打设置步骤

01 在开机状态下，在系统主界面选择“传票录入”，进入到“传票录入”目录（见图 2-3）。

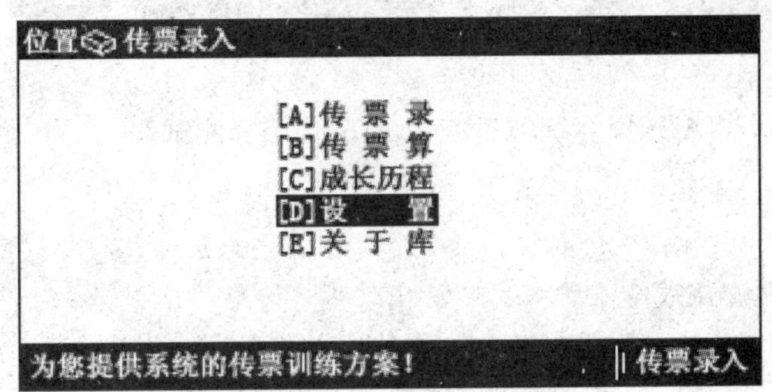

图 2-3　传票录入目录

02 选择“[D]设置”，进行相关设置。进入“传票录入/设置”，将“组别设置”设置为“每组 20 个”，将“随机设置”设置为“随机跳转”（见图 2-4）。设置完毕后按“Enter”键自动保存设置。保存后自动返回到“传票录入”界面。

操作过程中，通过“↑↓”键移动光标，“←→”键调整相关设置。

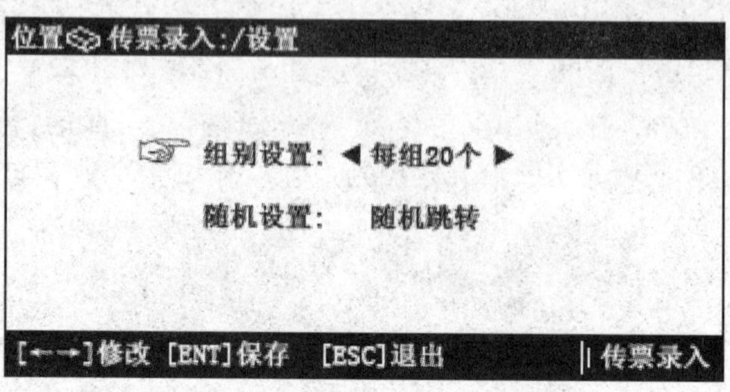

图 2-4 设置“传票录入”

【提示】此步骤一般只需在第一次使用时设置，或需要更改训练方式时设置。

03 在“传票录入”目录下选择“[B]传票算”，进入“传票算”功能菜单（见图 2-5）。

图 2-5 传票算界面

04 选择“[A]传票算练习”或者“[B]传票算测试”。

【提示】二者的区别在于：

① “传票算测试”模式下，系统可以保存最后成绩，有些机型还可以通过无线模块发送测试成绩，该模式可以在比赛时使用（见图 2-6）。

② “传票算练习”模式下，系统不保存成绩，也不能发送成绩，但是可以保存成长历程，该模式只在练习时使用。

此处以传票算测试为例进行介绍。

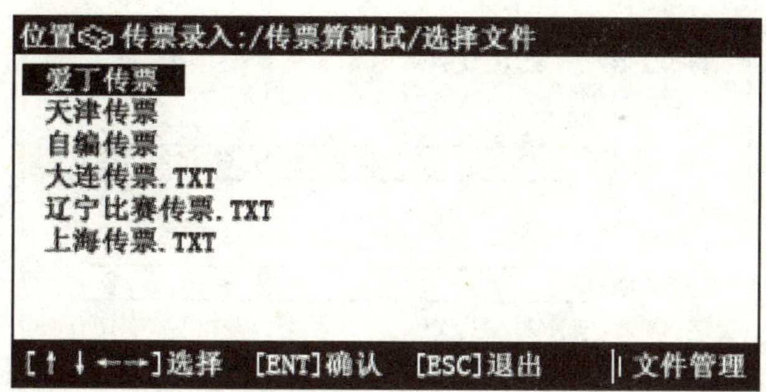

图 2-6 传票算测试界面

05 例如，选择“爱丁传票”，下一步选择所要录入的传票页 A～D（见图 2-7）。

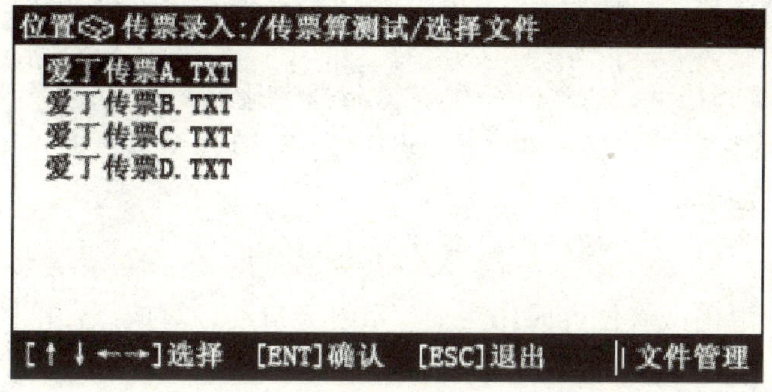

图 2-7 爱丁传票选择文件界面

06 例如，选择“爱丁传票 A”，开始自行设置：测试时间（一般为 10 分钟）、起始页、行次。起始页和行次设置时可以直接在小键盘输入相应的数字（见图 2-8）。

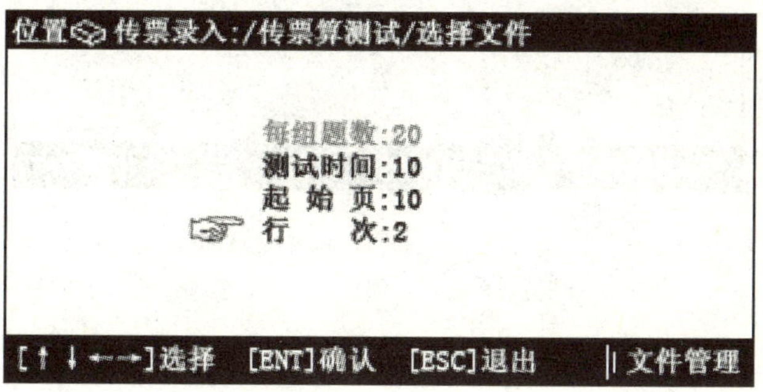

图 2-8 爱丁传票 A 界面

07 设置完毕后，按“Enter”键即可开始录入，录入界面如图 2-9 所示。

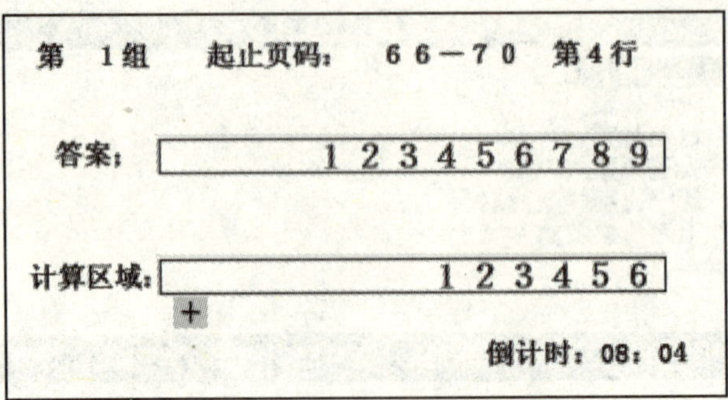

图 2-9 传票算测试录入界面

【提示】关于录入界面的相关解释说明：

① 页面第一行内容为：当前输入的组别、当前组的起止页、需输入的行序号。

② 页面第二行内容为：上一组数据的最终结果。

③ 页面第三行内容为：当前组数据的计算区域，即当前输入数据的显示区域，学生可以任意 +/－计算。

④ 页面最后一行为倒计时剩余时间。

08 用户退出或者倒计时结束时，系统会自动计算成绩，并且显示在屏幕上（见图 2-10）。

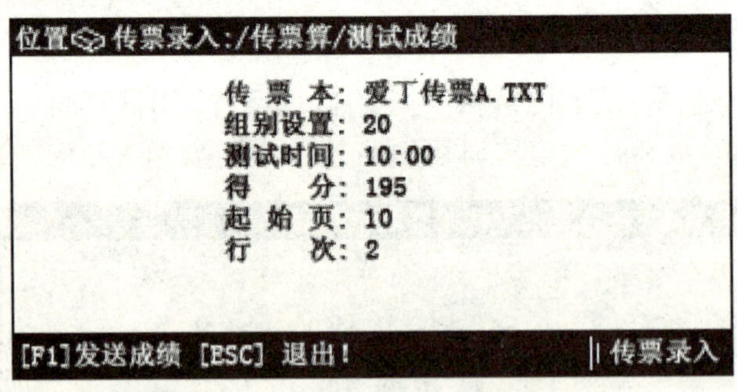

图 2-10 系统计算成绩界面

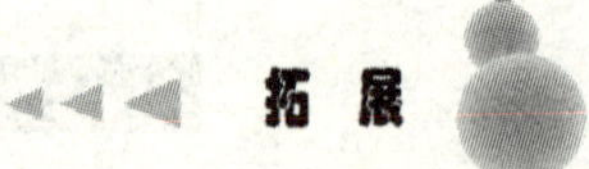

拓展 1 示例传票翻打计分

以图 2-10 为例，按照录入界面提示页码和行次进行累加，每组连加 20 题（页），

以回车键提交，得到的结果作为评断得分依据，即每一组为 20 分或 0 分（全对即 20 分，有错即为 0 分），最后一组以时间到后的结果评定小分。

例如图 2-10 中显示，时间 10 分钟截止时，共正确计算了 9 组，得分 180，如有计算错误的，则该组不得分。最后一组结果计算到前 15 题并正确，得 15 分，合计 195 分（见图 2-11）。

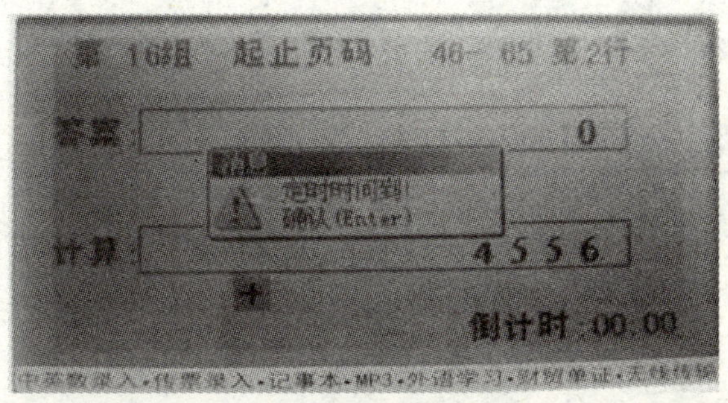

图 2-11 传票算测试计分界面

【提示】在每次测试结束提示时间到的界面左上角，可以看到本次测试所翻打的组数，要注意看清楚（见图 2-11），以便随时了解自己的速度和准确率，看清后再按回车键查看成绩。

拓展 2 传票翻打国赛计分标准

比赛题目限时不限量，比赛成绩由翰林提专用系统自动生成。正确 1 组得 20 分，错误不得分，最后一组计算小分。总分＝20×正确组数＋最后一组小分。2011 年全国职业院校技能大赛中职组会计技能大赛成绩分析及等级表见表 2-1。

表 2-1 2011 年全国职业院校技能大赛中职组会计技能大赛成绩分析及等级表

得分区间	人数/人	占比例/%	对应等级
300～400 分	14	9.72	高级
200～300 分	70	48.61	中级
100～200 分	51	35.42	初级
100 分以下	9	6.25	
合计	144	100	最高分 386

拓展 3 传票翻打金融机构考核要求

在金融系统非常重视对员工的技能考核，每年至少进行两次考核，对技能不合格的员工要进行再培训，直至考核过关。考核要求见表 2-2。

表 2-2　金融机构数字录入技能考核要求表

项目	优秀	良好	合格	工具
数字录入	260 个数/分钟	200 个数/分钟	160 个数/分钟	计算器
	300 个数/分钟	240 个数/分钟	200 个数/分钟	翰林提/小键盘

【提示】正确率要求 100%。

拓展 4　传票翻打珠算协会鉴定标准

珠算协会对于使用计算器和小键盘进行传票翻打也给出了鉴定标准，以下是两种工具的标准对比（见表 2-3）。

表 2-3　珠算协会：传票翻打技能等级鉴定标准

项目	高级	中级	初级	题量	工具
传票翻打	15 行	10 行	5 行	20 行/题（10 分钟）	计算器
	18 行	15 行	13 行	20 行/题（10 分钟）	翰林提/小键盘

任务3 学会传票翻打技能

任务目标

1. 学会并保持正确的姿势。
2. 熟悉并掌握小键盘的基本指法。
3. 学会传票的整理、保管与摆放的方法。
4. 学习并掌握传票录的方法。

任务分析

在上述任务目标中，小键盘基本指法的掌握显得尤为重要，是初学者要特别认真对待的，是成为传票翻打好手必须首先夯实的基础，需要反复练习，不能急于求成。

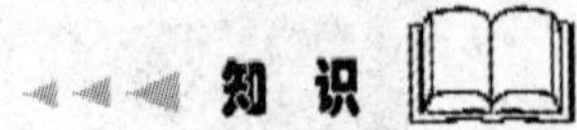

知识1 小键盘区简介

数字键区，又称为小键盘区或副键盘区，是专门向计算机输入大量数字的重要输入设备，主要用于数字集中录入。掌握这个小键盘的操作是我们学习的重点。

该区的大部分按键具有双重功能：一是代表数字和小数点，二是代表某种编辑功能。利用该区的"Num Lock"（数码锁定）键可在这两种功能之间进行转换。

知识2 正确的姿势

要想熟练运用键盘来敲击数字，姿势非常重要。有了正确的姿势，不仅可减轻人的疲劳感，对于提高速度也会起到事半功倍的效果。

1）坐姿。身体要保持平直，肩部放松，腰背不要弯曲。手腕要平直，打字的全部动作都在五个手指上，上身其他部位不要接触键盘。

2）手型。手指弯曲自然适度，手要形成勺状，就像手中握着一个蛋，轻放在小键盘上。

3）击键。主要靠手指和手腕的灵活运动，不要靠整个手臂的运动来找键位。

4）节奏。敲击键盘要有节奏，要敲不要摸。

5）分工。各手指分工明确，各司其职，不能越位到别的区域敲击按键。

6）力度。击键的力度要适中，过轻则无法保证速度，过重则容易疲劳。击键的要领是轻、快、准。

知识3 小键盘基本指法

计算机小键盘是向计算机输入数字、发出命令的重要设备，是财务人员必不可少的操作工具，所以掌握小键盘的使用方法非常重要。

使用小键盘只能用右手操作，手指在键盘上的位置非常重要。为了便于有效地使用小键盘，通常规定右手的食指、中指、无名指和小指依次位于第三排的"4"、"5"、"6"、"Enter"键，即"基准键"上。其中"5"键上有一个小突起，是用来定位的。当准备操作小键盘时，手指应轻轻地放在相应的基准键上。

要提高数字的录入速度，五指负责的按键有严格的分工（见图3-1）。

食指：负责"Num Lock"、"7"、"4"、"1"这四个键；

中指：负责" / "、"8"、"5"、"2"这四个键；

无名指：负责"*"、"9"、"6"、"3"、"."这五个键；

小拇指：负责“－”、“＋”、“Enter”这三个键；

大拇指：负责“0”键。

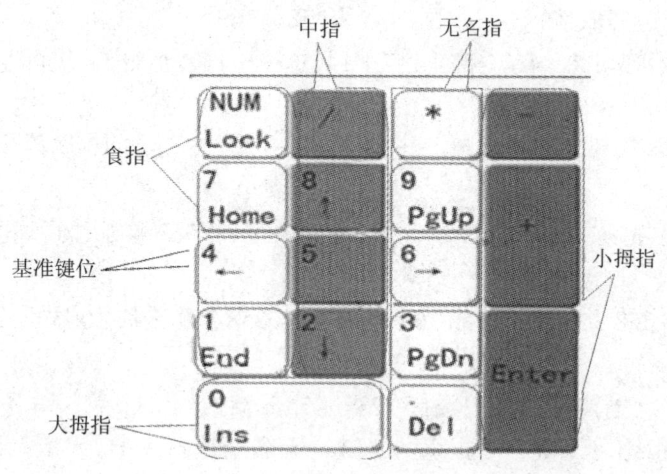

图 3-1　五指分工图

【提示】计算机小键盘是向计算机输入数字下达命令的重要设备，是财务工作者进行汇总、核算必不可少的操作工具，所以掌握小键盘数字录入技能非常重要。

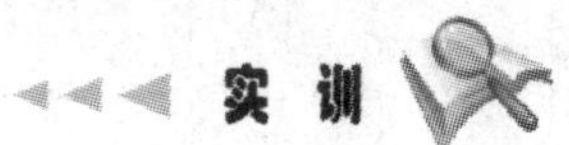

实训 1　指法练习

实训目的

指法练习，为盲打做准备。

实训步骤

01 从基准键位 4、5、6 练习起，再延展到其他键位。渐渐掌握不同键的位置，直到可以不用眼看就能准确无误地找准键位。

02 具体练习方法：开机后选择“数字录入”，再选择［A］基准键位练习。其他键位练习还有：［B］食指练习、［C］中指练习、［D］无名指练习、［E］拇指和小指练习等，练习方法依此类推。

同步训练

指法练习非一日之功，一定要保证相当的练习时间，需要日积月累，由看打到盲打，盲打不可能一蹴而就。以下练习可以帮助我们尽快熟悉基本

同步训练

指法。

练习一：竖式练习——敲打 147、258、369

1）食指练习 1、4、7 键。147＋147＋…＋147 连加 10 次再连减 10 次最后归 0。

2）中指练习 2、5、8 键。258＋258＋…＋258 连加 10 次再连减 10 次最后归 0。

3）无名指练习 3、6、9 键。369＋369＋…＋369 连加 10 次再连减 10 次最后归 0。

4）147 258 369＋147 258 369＋…＋147 258 369 连加 10 次再连减 10 次最后归 0。

练习二：横排练习——敲打 123、456、789

1）食指练习 1 键、中指练习 2 键、无名指练习 3 键。

2）食指练习 4 键、中指练习 5 键、无名指练习 6 键。

3）食指练习 7 键、中指练习 8 键、无名指练习 9 键。

4）123 456 789＋123 456 789＋…＋123 456 789 连加 10 次再连减 10 次，最后显示为 0。

练习三：混合练习——敲打 159、357、13579、24680

1）159 指法分工：食指练习 1 键、中指练习 5 键、无名指练习 9 键。

2）357 指法分工：无名指练习 3 键、中指练习 5 键、食指练习 7 键。

3）159＋159＋…＋159 连加 10 次再连减 10 次。

4）357＋357＋…＋357 连加 10 次再连减 10 次。

5）13579＋13579＋…＋13579 连加 10 次再连减 10 次。

【提示】13579 指法分配：食指练习 1 键、无名指练习 3 键、中指练习 5 键、食指练习 7 键、无名指练习 9 键。

6）24680＋24680＋…＋24680 连加 10 次再连减 10 次。

【提示】24680 指法分工：中指练习 2 键、食指练习 4 键、无名指练习 6 键、中指练习 8 键、大拇指练习 0 键。

实训 2 传票翻打前的准备工作

实训目的

学会传票的整理、保管与摆放的方法，做好传票翻打的前期准备工作。

实训步骤

（1）整理与保管

1）检查传票。传票在翻打前，首先要检查传票是否有错误，如有无缺页、重页、数码不清等。一经发现，应及时更换传票。待检查无误后，方可整理传票。

2）整理传票。

01 墩齐。双手拿起传票侧立于桌面将传票底边墩齐。

【提示】下沿一定要非常平整，这是一个关键的细节。

02 开扇。左手固定传票左上角，右手沿传票边沿反复轻轻折捻，打开成扇形，扇形角度20°～25°（见图3-2）。

【提示】票面捻成扇形的方法：①两手拇指放在传票封面上，两手的其余四指放在背面上。左手捏住传票的左上角，右手拇指放在传票封面的右下方。②右手拇指向顺时针方向捻动，左手配合右手向反方向用力，轻轻捻动即成扇形。③扇形幅度不宜过大，只要把传票封面向下突出，封底向上突出，便于翻页即可。

03 固定。最后用夹子将传票的左上角夹住，使扇形固定，防止翻打时散乱（见图3-3）。也可再用一个较小的票夹夹在传票封底的右下角，将传票架起，便于翻页。

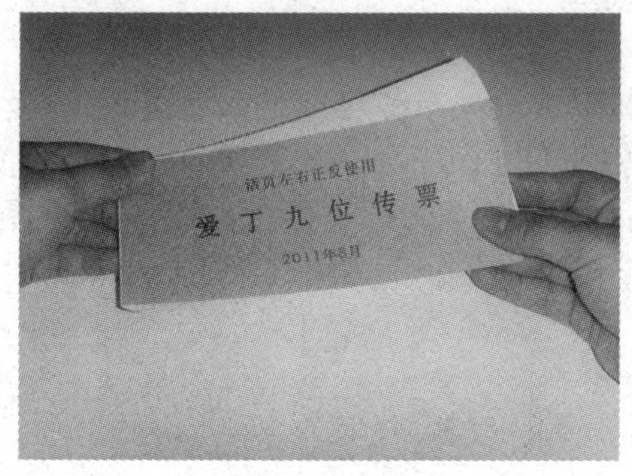

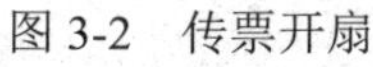
图3-2　传票开扇

图3-3　传票固定

3）保管传票。为了保证练习和比赛中传票码本的平整不至散乱，平时就应注意对传票码本的妥善保管，应墩齐后以夹子固定平放，不可随意丢掷，以免褶皱和散失。

（2）摆放

为了便于翻打，整理好的传票可根据需要摆放在桌面适当的位置，目的是贴近小键盘，以便于看数翻打。

一种摆放位置为置于键盘下方的桌面上（见图 3-4），另一种摆放位置为置于主键盘之上（不建议第二种传票摆放方法）（见图 3-5）。

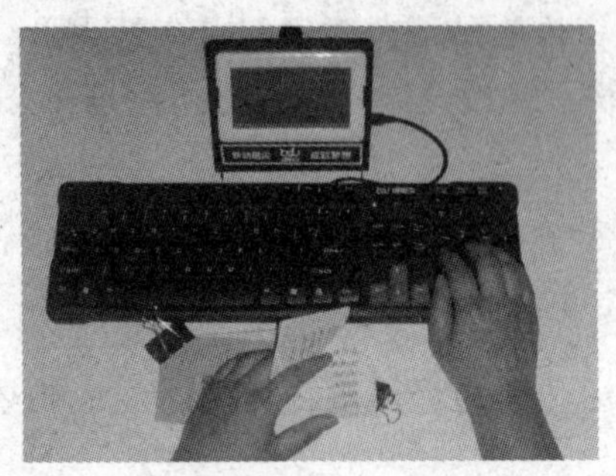

图 3-4　传票摆放位置 1

图 3-5　传票摆放位置 2

实训 3　传票录

实训目的

传票录是练习传票翻打前先行训练的一种较为简单的方法，主要用来训练指法的准确程度和熟练程度。

实训步骤

1）传票录练习。

01 准备好传票码本，在系统主界面选择“传票录入”，进入到“传票录入”目录。

02 选择“A 传票录”，进入模块后选择“A 传票录练习”，进入后再选择“爱丁九位传票”，再任意选择“A\B\C\D”其中一面进行练习。

03 根据界面提示的页码和行次进行数据录入，每录入一个数据以回车键提交，若录入不正确将反黑提示（见图 3-6），直到录入正确方可继续下一个数据的录入，最后得分以一组全部正确计算。

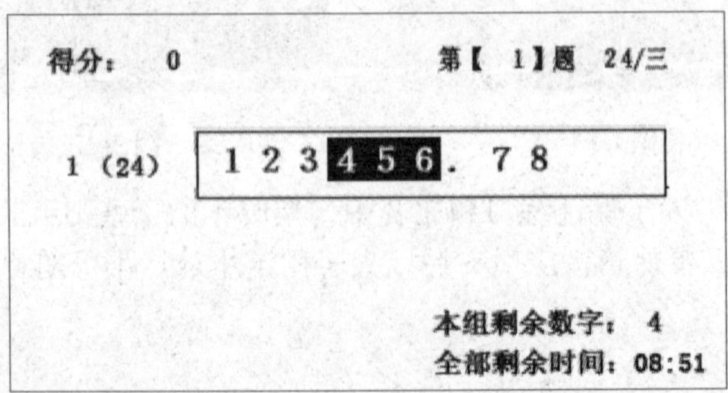

图 3-6　录入反黑提示

2）传票录测试。

01 准备好传票码本，在系统主界面选择“传票录入”，进入到“传票录入”目录。

02 选择“A 传票录”，进入模块后选择“B 传票录测试”，进入后再选择“爱丁九位传票”，再任意选择“A\B\C\D”其中一面进行测试。

03 根据界面提示的页码和行次进行数据录入，每录入一个数据以回车键提交，最后得分以一组全部正确得分计算。

【提示】 传票录测试与练习的区别：测试时若录入不正确不会反黑提示。

3）组别设置。

01 在系统主界面选择“传票录入”，进入到“传票录入”目录。

02 选择“D 设置”进入，在此项目下可设置传票每组数的个数，分为每组 5 个、每组 10 个、每组 20 个三个选项，即若选每组 5 个，则在传票及数字看打时以 5 个数据为一组得分的判断标准。

03 可先安排每组 5 个到 10 个再到 20 个的阶段性训练，根据由简单到难的梯度来提高学生的数字录入技能。

4）成绩说明。

01 按照录入界面提示页码和行次进行数据的输入，每输入一个数据都要按回车键提交（见图 3-7）。

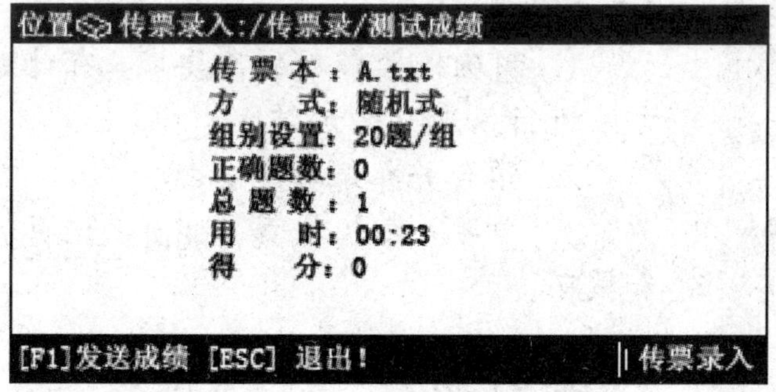

图 3-7　传票录成绩界面

02 例如 20 题/组时，每组的 20 个数全部都正确得 20 分，否则为 0 分，最后一组按输入正确的个数计小分。

任务4 练好传票翻打基本功

任务目标

1. 明确传票翻打的高要求，有计划地用科学的方法进行基本功的训练。

2. 学会并熟练数字盲打。

3. 学习并掌握找页、翻页、记页和数页的方法和技巧。

任务分析

在上述任务目标中，盲打技能的掌握至关重要，是成为传票翻打高手必须具备的真功夫，但学会和掌握盲打技能显然不是一蹴而就的，需要反复训练，日积月累，持之以恒，积小步为大步。谨防初学不顺即轻易放弃的情况发生。

知识 1 传票翻打高要求

想成为高手不容易，不但需要进行艰苦的训练，还要讲求科学有效的训练方法。此外，还应学会自我心理调适，以确保比赛当中稳定发挥。

要想成为传票翻打的高手，必须通过刻苦训练达到以下的要求（见图 4-1）。

1）眼、手、脑协调，充分配合。

2）全神贯注，先翻一步，眼比手快。

3）分项进行强化训练。

4）记数专项训练。

5）力求准确录入，减少退格键使用率。每组退格键使用次数应少于 4 次，错误题数控制在 1 组，最高不能超过 2 组。

图 4-1 传票翻打训练图

知识 2 参赛选手如何提高成绩

在达到较高的成绩以后，每提高一组都比较困难，尤其是 350 分以后提高更加有难度。提高学生心理素质，坚定信心，临危不乱，从容面对各种大赛考验。

本阶段学生成绩提升出现停滞，提高缓慢，学生心理开始发生变化，信心遭受打击，辅导教师应根据实际情况及时调整训练计划并做好心理疏导工作，帮助学生度过“高原反应”。

（1）出现的主要问题

1）学生急于提高成绩，出现盲目求快导致准确率下降。

2）由于成绩长时间没有提高甚至下降使学生丧失信心产生逃避心理，出现训练不积极，不能保证训练时间等现象。

3）训练成绩不稳定，忽高忽低。

4）平时训练成绩高，比赛成绩失常。

（2）解决问题的方法

1）快速记数训练，即一眼记住整条数字，并正确录入数字，保证准确率。

2）每天训练时间保证两小时以上，将时间划分开，每次训练时间 20～40 分钟为宜。

3）耐力训练，每次练习将时间设置为 15～20 分钟，提高选手耐力。

4）每天组织选手测试一次成绩，模拟大赛流程，固定时间，不固定地点， 没有补考。将每次成绩记录以备辅导教师指导。建议选手每天测试到各班巡演，制造考场气氛，提高选手心理素质。

5）学校组织学生各地拉练，训练学生心理素质和适应环境能力。

一般统计，在保证每天一小时训练量的情况下，第一学期可达到分数（一个班 50 人）（见图 4-2）。

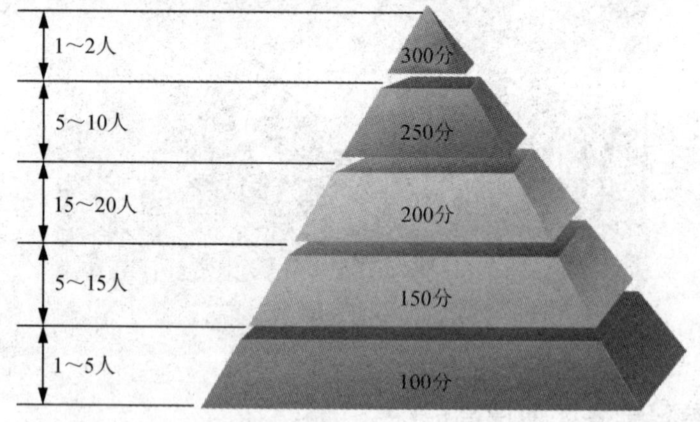

图 4-2　训练量与可达分数对应图

为了寻求自我突破，早日进入传票翻打的高手行列，要进行一系列的训练（见表 4-1）。

表 4-1　传票翻打训练计划表

传票翻打训练计划表						
15 周每天一小时训练传票翻打 300 分						
阶段设计	课程安排	课程内容	训练目标	训练内容	课时分配	训练时间
学会	认识实训机	1．实训机设备操作流程 2．注意事项 3．简介传票翻打及其使用说明	熟悉实训机使用		1 课时	4 周
	传票翻打训练前的准备	1．学习正确的打字姿势 2．学习小键盘的指法要求	1．了解传票翻打计分规则 2．明确训练目标 3．记住正确姿势和指法	小键盘指法	1 课时	
		1．基本指法的练习 2．传票整理和摆放	基准键位的练习	小键盘指法	1 课时	
		传票录的方法	熟悉小键盘的各个键位	小键盘指法	1 课时	
测试	传票录测试	速度与准确率训练	150 分/10 分钟	传票录	1 课时	
学好	传票翻打基本功	找页	快速、准确找到目标页	单页翻找 多页翻找	1 课时	4 周
		翻页	快速准确连贯翻页	看翻到 盲翻		
		记页	养成记页、数页习惯	记页、数页习惯的培养		
		数页				
		盲打训练	学会盲打、熟悉盲打	盲打训练多种方法	3 课时	
测试	传票录测试	限时 10 分钟	10 分钟传票录 220 分	20 题/组	1 课时	1 周
学精	传票翻打提高	传票翻打高要求；遇到瓶颈和“高原反应”如何解决	10 分钟传票算 160 分	传票算练习	1 课时	4 周
			10 分钟传票算 200 分	传票算练习	1 课时	
			10 分钟传票算 240 分	传票算练习	1 课时	
			10 分钟传票算 280 分	传票算练习	1 课时	
测试	传票算测试	20 题一组	10 分钟传票算 300 分	传票算测试	1 课时	2 周

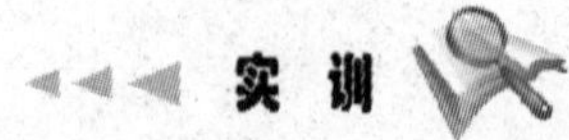

实训1 数字盲打

实训目的

精力集中，操作过程中眼睛不看键盘，强调手、眼、脑的协调配合，做到眼到手就到。

实训要求

1）坐姿端正。

2）盲打指法分配准确。

3）键盘盲打定位准确。

4）掌握好节奏，不要时快时慢甚至停顿，要动作连贯，一气呵成。

实训时间

本项目训练时间不少于4周，每天不少于1小时。

实训步骤

01 各手指要放在基准键上，输入数字时，每个手指只负责相应的几个键，不要混淆。

02 手腕平直，手指弯曲自然，击键只限于手指指尖，身体其他部分不要接触工作台或键盘。

03 输入时，手稍微抬起，只有要击键的手指才伸出击键。

04 击键速度要均匀，用力要适度，要有节奏感，不可用力过猛。

05 在击键时，主要依靠手指的灵活运动，手掌上下浮动带动手指敲击键位，手指微贴键盘有节奏的敲击，指尖抬起幅度1厘米以内，幅度不要过大。尽量减少手腕的移动幅度，更不能靠整个手臂的运动来输入。

【提示】正确率必须100%。建议训练先准后快，不要急于求成。

实训演练

要尽快熟悉键盘，要靠做各种练习和刻苦训练来完成，最终做到盲打。

1）综合练习。

01 开机后选择“数字录入”，进入后选择“[F] 综合练习”，进入后首先进行“[C] 设置”在输入“0123456789”、“+”和“.”后，回车确认。

02 进行“[B] 设置”，其中“组别选择”有5、10和20三种选择，可由少至多进行设置；“每题位数”可自行输入。

03 “练习时间”可自行输入。

04 全部设置好后，回车确认。可选择“[A] 文章模式”或“[B] 组别模式”进行练习。

2）条形码练习。

开机后选择“数字录入”，进入后选择“[G]商品条码录入”，可继续选择“[A]条码练习”或“[B]条码测试”。

同步训练

以下介绍几种练习方法，可以帮助同学们较快地熟悉键盘，实现盲打目标。

练习一：加百子

开机后按“Page Down”键选择“D助理”（或直接敲击“D”键）后，再选择“计算器”，即可进行打百子练习。1＋2＋3＋…＋99＋100＝5 050。

练习二：减百子

操作同上，先输入数字5 050，然后依次－1－2－3－…－99－100＝0。

练习三：连加连减练习

把123 456 789连加9次，和为1 111 111 101，随后再逐笔减去123 456 789直至减完为0。

练习四：连加连减练习

把987 654 321连加9次，和为8 888 888 889，随后再逐笔减去987 654 321，直到减完为0。

实训2 找页

由于在传票翻打测试时，每完成一组数字的录入后，都是通过随机跳转的方式进入下一组的，因此，这就要求我们在翻打过程中前后找页。那么找页的动作快慢及准确与否，就直接影响到传票翻打的准确与速度。找页是传票翻打的基本功之一，必须加强练习。

实训目的

快速准确地找到每组题的起始页，提高传票翻打的准度和速度。

实训时间

本项目训练时间不少于1周。

实训步骤

01 熟悉传票，首先进行找页练习。找页关键是练手感。能准确把握纸页的厚度，如，10页、20页、30页、50页等的厚度。

02 做到仅凭手的感觉就可以一次翻到临近的页码上，然后，再用左手向前或向后调整，迅速翻至要找的页码。

03 右手在敲击小键盘的数字时，用眼睛的余光看清下一组传票的起始页数，用左手迅速准确找到对应页。

同步训练

训练形式灵活多样，进行竞赛、测试都可以。

练习一：单页翻找训练

1）由教师报起始页数，学生快速翻找。

2）由学生相互之间报起始页数，进行翻找训练。

练习二：多页翻找训练

教师给出一组起始页数，要求学生连续进行翻找。

每组数量由少至多（5 题、10 题、20 题……），循序渐进。

此项练习可以采取限量不限时和限时不限量两种形式。

【例 1】5、14、21、37、42、56、68、78、85、90…（有序找页练习）

【例 2】2、16、25、65、32、12、49、78、9、51…（无序找页练习）

练习三：利用实训机进行翻页训练

将实训机调至传票算状态，设置 5 分钟或 10 分钟，开始后右手顺序键入 0、1、2、3、4、5、6、7、8、9 后随即按回车，自动跳转至下一组，左手随即找页，找到后，再键入 1～9 后回车、找页，如此反复，直至时间到，查看完成组数。既可作为练习，又可进行找页比赛。

实训评价

以找页的准度和速度作为评价标准（见表 4-2）。

表 4-2　找页评价标准表

标准	优秀（难）	良好（中）	合格（易）
以 20 题为一组测试（限量不限时）			
时间/秒	8～10	11～13	14～16
以 20 秒为时间段测试（限时不限量）			
对题量/题	38～40	35～37	32～34

【提示】边输入边找页是提高运算速度的一种技巧，手感和经验都会影响找页动作的快慢、准确与否，所以必须加强练习。

实训 3　翻页

实训目的

传票翻打要求用左手翻传票，右手敲击数字小键盘，两手同时进行。左手连贯、快速、准确翻页，提高翻页技巧。

实训时间

本项目训练时间不少于 1 周。

实训步骤

01 开始翻打前，将左手的小指、无名指和中指放在传票封面的中部，用食指与中指夹住起始页之前的传票页，拇指放在起始页的底沿，略微上挑（见图 4-3）。翻打开始，先将该页的相关数字录入，拇指随即将该页传票翻起后交由食指与中指夹住，拇指应迅速下撤至下一页的底沿，将传票略微挑起，同时录入该页相关数字，拇指再将该页翻起……拇指在每次等待翻页时应停留在下一页的底沿。

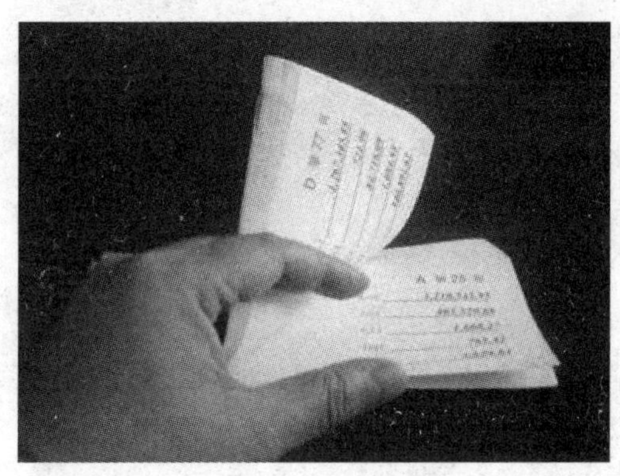

图 4-3　翻页

02 翻页与数字录入必须同时进行，票页不宜翻得过高，角度适宜，以能看清数据为适度。

03 左右手协调。左手翻传票时，右手直接将传票上的数字敲入小键盘。左手翻开传票时，眼睛应迅速看完上面的数字，大脑同步记住数字，右手连续不断地将此行数字敲入小键盘，做到眼脑手协调。确保右手未打完当页数时，左手已经翻到下一页。左手翻页应保持连贯，动作流畅。

同步训练

先采取看着传票翻页，熟练后再练习盲翻。

1）看翻训练：用左手连续进行逐页翻页训练。由少至多（每次 10 页、20 页、30 页），循序渐进。教师可以统一计时，学生快速翻页。

2）盲翻训练：指在整理好扇面后，左手压住传票，不看票面，从第 1 页连续向后翻动传票，直到最后一页为止，时间不得超过 1 分钟。

3）翻读训练：用百张传票做翻读练习，翻一页看一笔数字，并读出（或默读）数字，再翻到下一页看同一行数字，在规定时间内看谁翻读更快。

实训评价

以翻页的速度作为评价标准（见表 4-3）。

表 4-3　翻页评价标准表

标准	优秀（难）	良好（中）	合格（易）
以 100 页（限量不限时）			
时间/秒	40	50	60
以 30 秒为准（限时不限量）			
翻页量/页	60	55	50

【提示】① 先翻一步，眼比手快；手脑并用，看比打快。“先翻一步”是传票翻看的基本要求。

② 翻页练习是传票翻打的基础，只有左手能够很准确、连贯、快速地翻开传票每一页，才能快速进行传票翻打。

③ 快速翻页和找页训练，熟悉传票，翻出手感。

实训 4　记页、数页

实训目的

通过记页与数页方法和技巧的训练与掌握，达到传票翻打提速的目标。

实训步骤

01 记页。在传票运算时，为了避免翻过页或翻不够页，应掌握记页的方法。记页，就是在翻打中记住终止页，当估计快要运算完该题时，用眼睛的余光扫视传票的页码，以防过页。

02 数页。数页就是边运算边默念已打过的页数，最好每打一页，默念一页，以 20 页为一组为例，打第一页默念 1，打第二页默念 2……默念到 20 时核对该题的起止页数，如无误，立即按回车键。

【提示】记页、数页看似很简单，但在实际操作过程中却是很重要，练习之初就应该养成记页、数页的好习惯，避免多算或少算而影响运算速度。

任务5 了解翰林提平板PAD

任务目标

1. 了解翰林提平板 PAD 的主要功能，熟悉录入功能。

2. 学会翰林提平板 PAD 一键注册的方法。

3. 了解并掌握平板 PAD 传票录入的方法。

任务分析

作为翰林提实训机的升级版，翰林提平板电脑 PAD（13）在各方面都有了很大提升，让屏幕更大，显示更清晰，充分保留了翰林提界面功能与操作方式。在传票翻打方面，录入的方式方法与原翰林提学习机并无不同，但视觉效果有显著改变。以下做简要介绍。

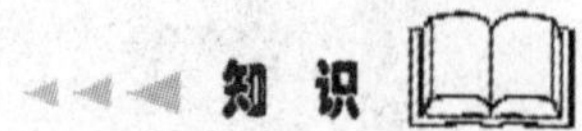

知识 1 翰林提平板电脑 PAD（13）硬件配置

翰林提平板电脑 PAD（13）（见图 5-1）在硬件配置方面有了很大的提升。

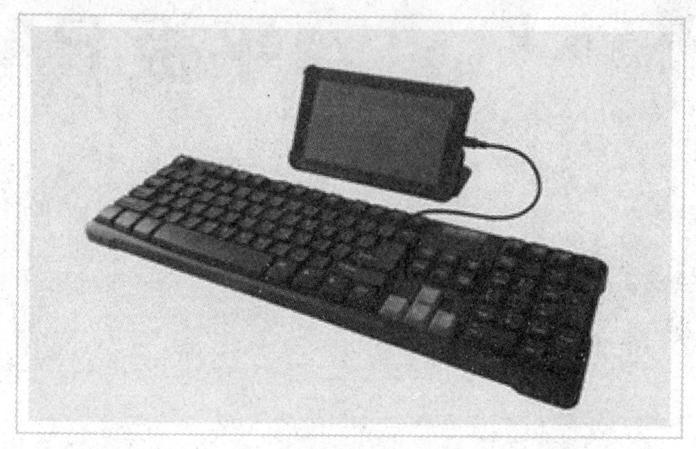

图 5-1 翰林提平板 PAD

系统：搭载原生 Android 4.2 操作系统；CPU：双核 A9；摄像头：前置 200W；音频：内置喇叭麦克；适配器：直流 5V 2A；接口：1 个 USB 接口，1 个 TF 卡接口（支持最大 32GB）。

外观：金属耐磨外壳，皮质外套；配套支架；7 英寸 WGA 高清触摸屏；平板重量 311 克；外接键盘。

功能：无线 WIFI 网络热点访问；主流媒体格式影音播放。

存储：内置 4GB 存储器＋SD 卡可满足更多的存储需求。

分辨率：1024 像素×600 像素。

电池：专为学生定制的高容量锂电池，提高待机时间一倍以上。

绿色学习环境：屏蔽各类游戏软件。

知识 2 翰林提平板电脑 PAD（13）产品主要功能

翰林提平板电脑 PAD（13）与原翰林提实训机相比，完善了原有功能，并增加了不少新功能（见图 5-2）。

录入技能训练

对数字、英文、汉字进行快速/准确的录入。

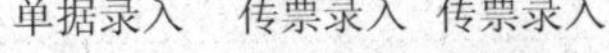

单据录入　传票录入　传票录入

财会技能训练

会计知识点专项练习，适用于学生自主学习测评

数字书写训练　单项实训　经济业务核算　综合实训

考试系统

从业资格考试专项复习自测，适用于学生自主学习，考试测评

会计从业资格考试

图 5-2　产品功能图

知识 3　翰林提平板电脑 PAD（13）有关录入功能

（1）传票录入

在传票录入功能上，将翰林提原有功能完全移植，并在原有基础上增加了可选择的“国赛跳转”模式，训练可以不再循规蹈矩。增加“爱丁九位传票Ⅰ”和“爱丁九位传票Ⅱ”两组传票码本的识别以及学校的自定义传票识别，可以避免一本传票练习成绩高、比赛时成绩不理想的情况。

（2）数字录入

在数字录入功能上，将翰林提原有功能完全移植；条形码录题库量增加，生成条形码更真实；基本练习中增加了指位练习及文章练习；增加的错误统计可以更直观地看到每个键位的错误率，有效矫正，避免将错误形成习惯。

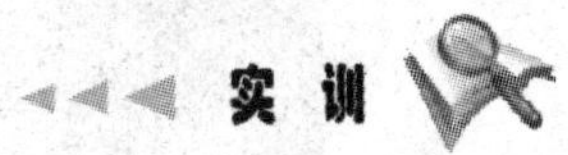

实训 1　翰林提平板电脑 PAD（13）一键注册

实训目的

学会一键注册，快速了解并使用翰林提平板电脑 PAD（13）各项功能。

实训步骤

01 为了便于为后续 APK 关联内容提供定向升级服务，在首次开机后会自

动弹出一键注册软件（见图 5-3）。

按照相应要求，填写姓名，选择性别，省份、城市、地区及学校不需要填写，点击输入框弹出下拉菜单。

【提示】① 若在预选框内未找到您的学校，请将其他选项勾选上即可。

② 本机一键注册是需要在网络连接的情况下去完成，若未能连接网络仍可进行注册并正常使用软件，但在未连接网络的情况下您的信息是无法上传到服务器当中的。

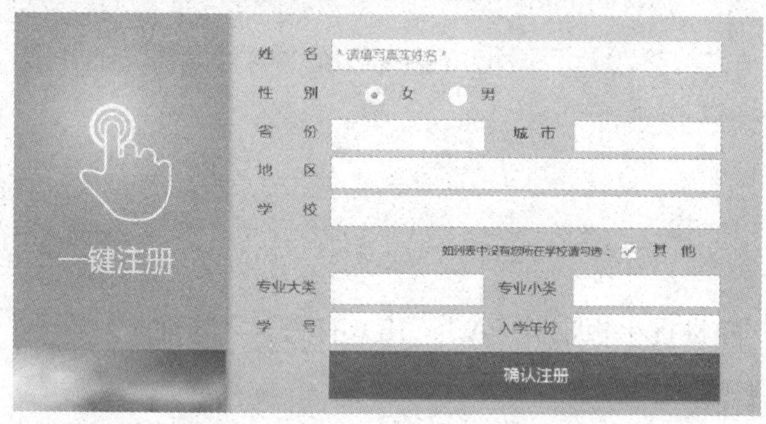

图 5-3 一键注册

02 信息填写完毕后点击“确认注册”，弹出确认信息，核对无误后再次点击“确认注册”即可完成（见图 5-4）。

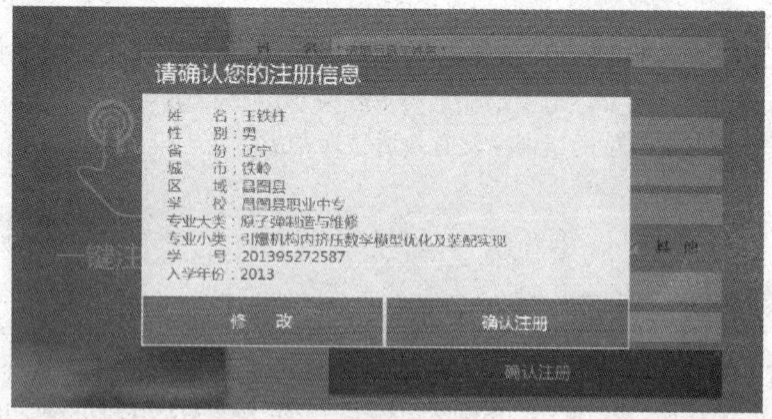

图 5-4 确认注册

03 注册完成后，“确认注册”处的按钮变为“注销”“修改”（见图 5-5）。

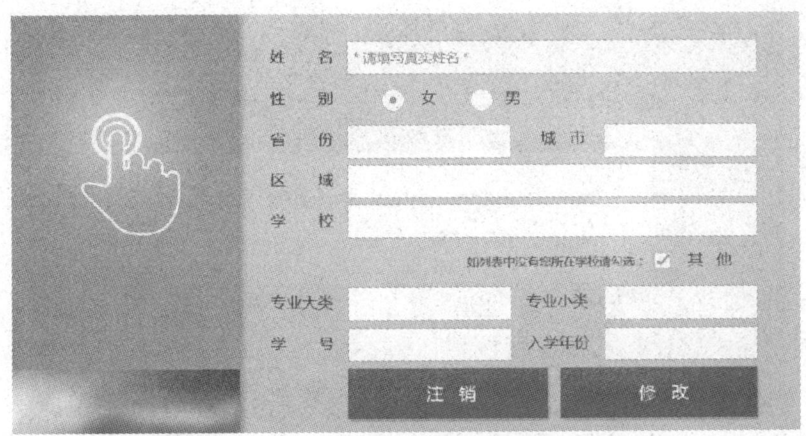

图 5-5　“确认注册”按钮变为“注销”“修改”

【提示】注销后可进行修改，点击“修改”可修改：姓名、性别、专业大类、专业小类、学号、入学年份项目，其他项目不能修改。

04 在平板连接网络进行注册或注册后连接到网络会弹出如图 5-6 提示语：“恭喜您，已经完成注册”，此提示语表示您的信息已经上传至服务器中。

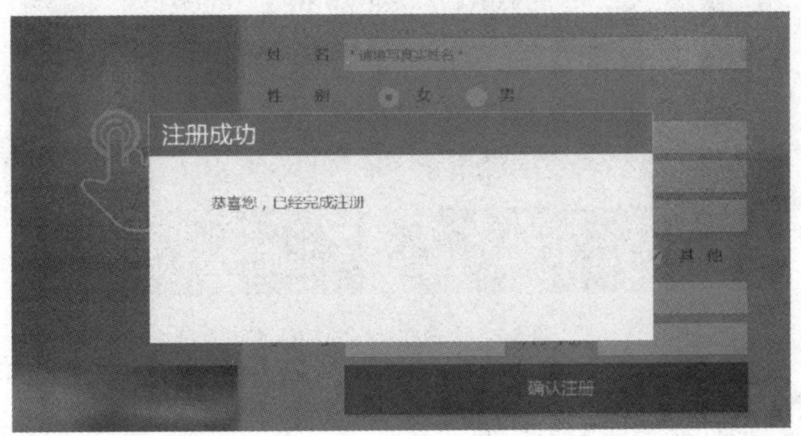

图 5-6　注册成功

05 若在您注册时无法找到您的学校，在勾选“其他”后完成注册。待连接网络后可看到如图 5-7 所示提示语：“您好，您的学校已经添加至列表中，请到一键注册中修改。”

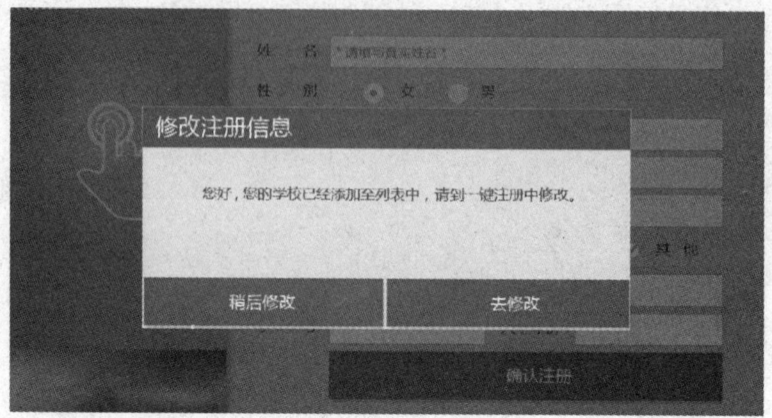

图 5-7　修改注册信息

06 修改完成后会得到如图 5-8 所示的提示语："恭喜您，已经完成注册信息修改"。

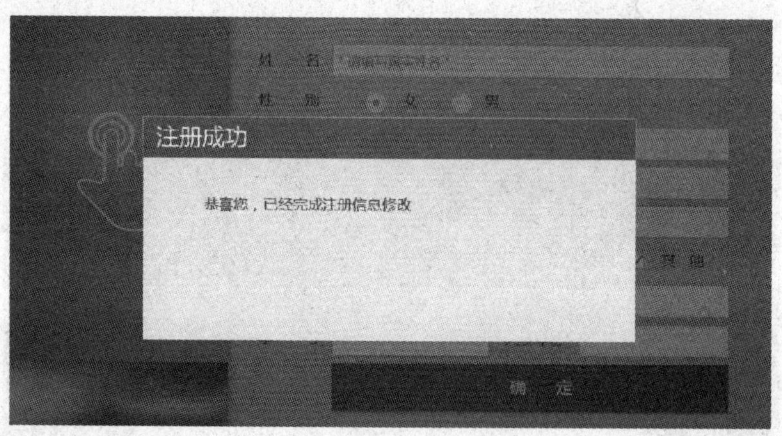

图 5-8　完成注册信息的修改

实训 2　翰林提平板电脑开机

实训目的

熟悉开机界面和各项功能的小图标。

实训步骤

01 一键注册后，即可进入开机界面。开机后的界面见图 5-9。

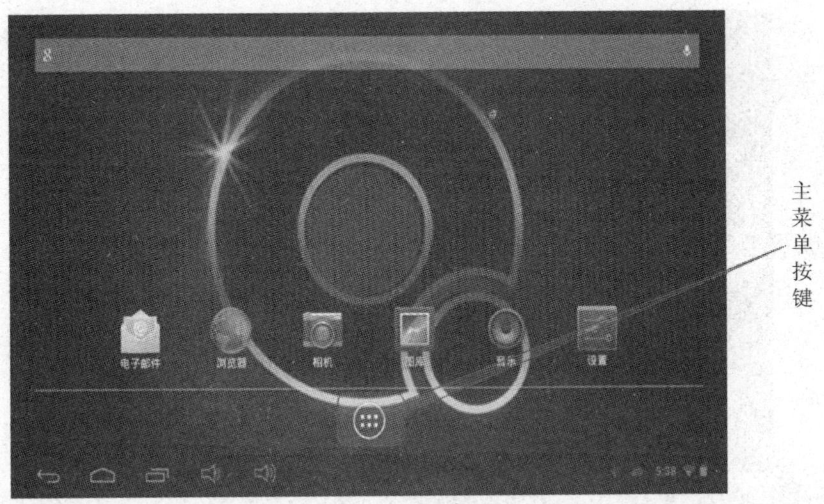

图 5-9　开机界面

02 在应用界面有各项功能的小图标，要求浏览后能迅速找到目标图标。应用界面见图 5-10。

图 5-10　应用界面

03 点击左上角“小部件”进入该界面，可以使用如“爱丁时钟”等功能。小部件界面见图 5-11。

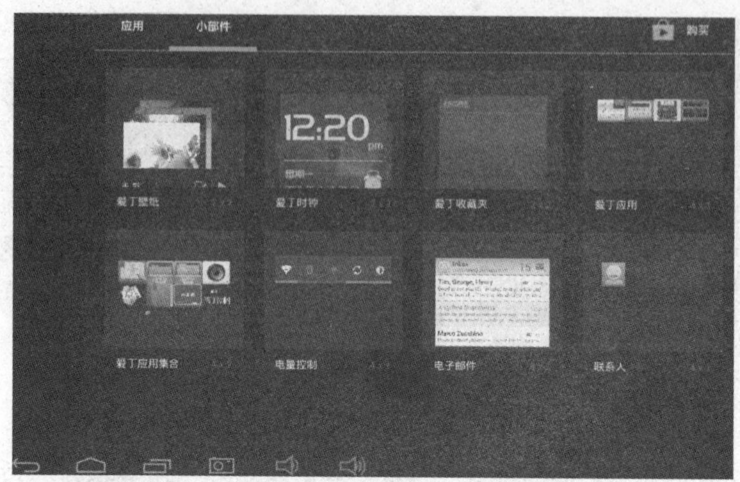

图 5-11　小部件界面

实训 3　翰林提平板电脑传票录入

实训目的

通过学习与训练，掌握传票录入的方法。

实训步骤

01 进入主菜单第二页，点触“new 传票录入”（见图 5-12）。

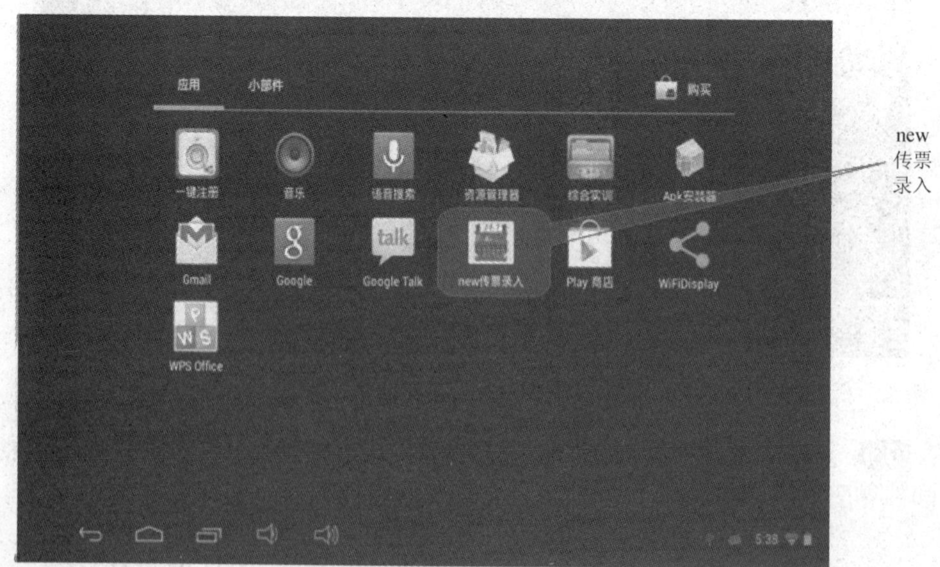

图 5-12　传票录入界面

02 进入传票翻打界面（见图 5-13）。

图 5-13　传票翻打界面

03 进行传票翻打设置（见图 5-14）。

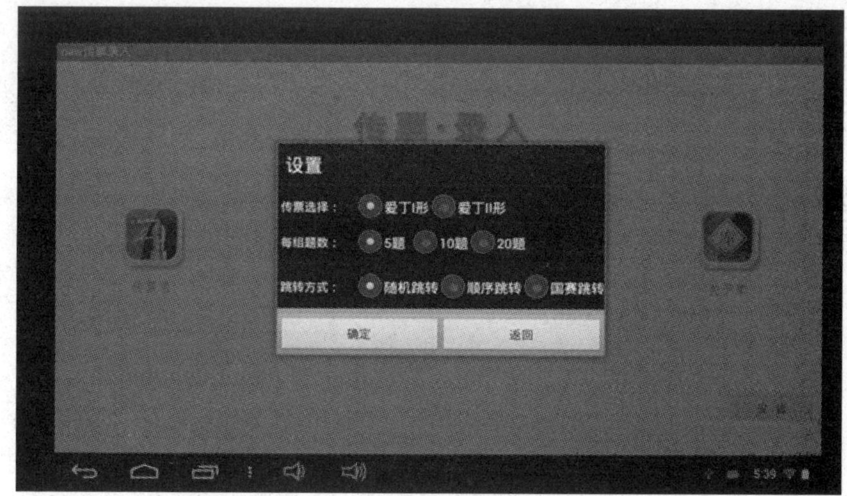

图 5-14　传票翻打设置

04 进入传票算练习（见图 5-15）。

05 经提示、确认后开始计时、录入（见图 5-16）。

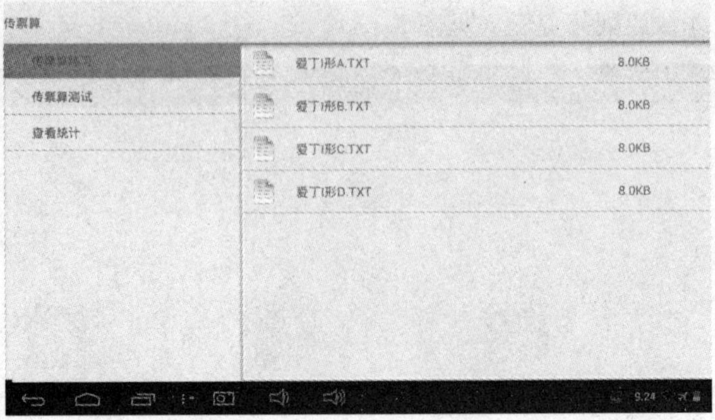

图 5-15　传票算练习界面

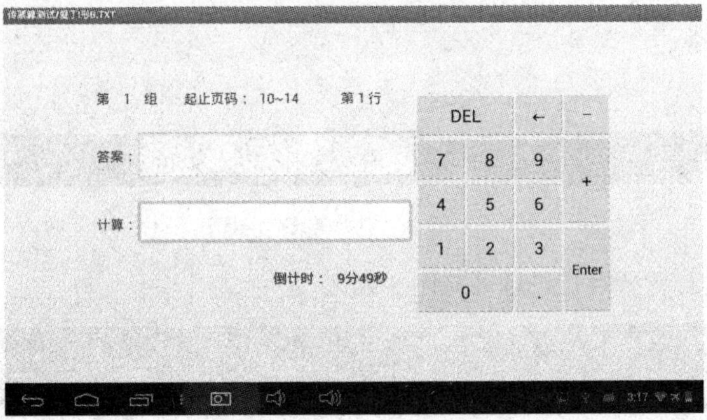

图 5-16　计时、录入界面

06 录入进行时（见图 5-17）。

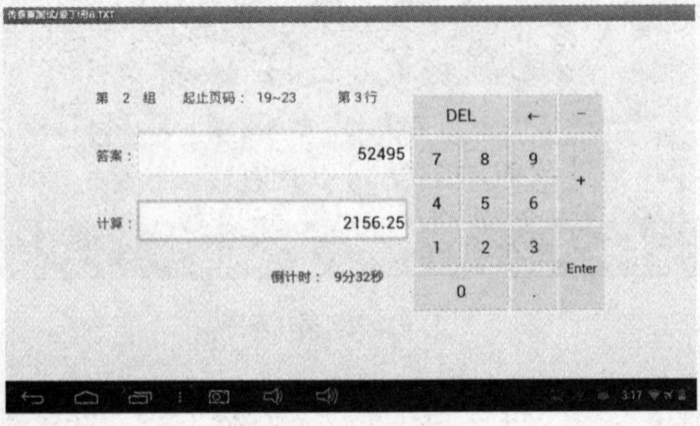

图 5-17　录入界面

07 查看成绩等信息反馈（见图 5-18）。

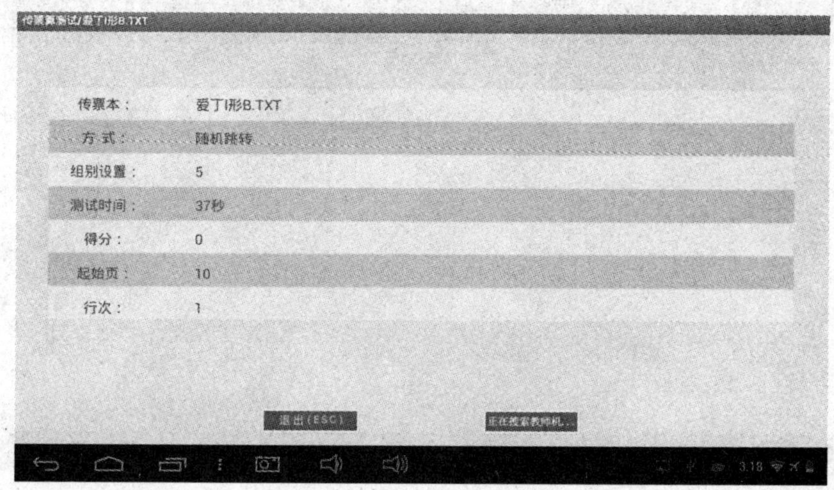

图 5-18　成绩等信息反馈

08 查看错误统计（见图 5-19）。

new传票录入

组号	起始页	起始行	时间	得分
1	10	1	21秒	0
2	19	3	33秒	0

图 5-19　错误统计

09 查看传票录入成长记录（见图 5-20）。

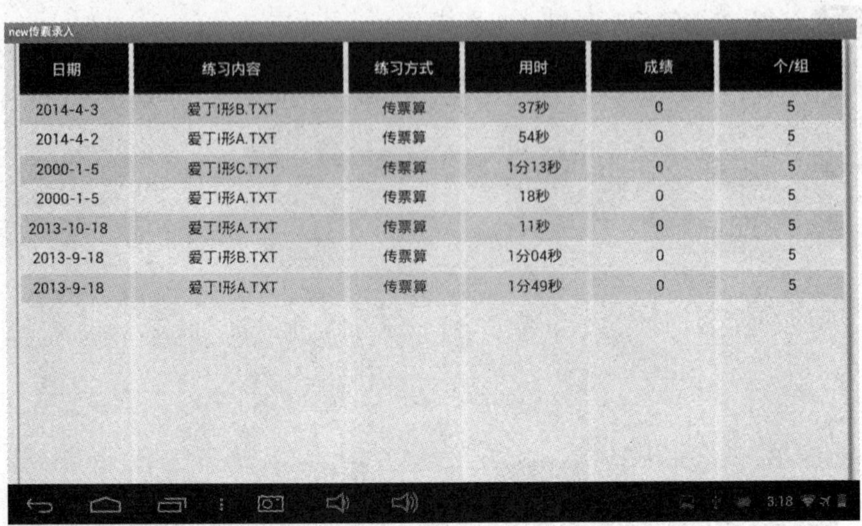

new传票录入

日期	练习内容	练习方式	用时	成绩	个/组
2014-4-3	爱丁I形B.TXT	传票算	37秒	0	5
2014-4-2	爱丁I形A.TXT	传票算	54秒	0	5
2000-1-5	爱丁I形C.TXT	传票算	1分13秒	0	5
2000-1-5	爱丁I形A.TXT	传票算	18秒	0	5
2013-10-18	爱丁I形A.TXT	传票算	11秒	0	5
2013-9-18	爱丁I形B.TXT	传票算	1分04秒	0	5
2013-9-18	爱丁I形A.TXT	传票算	1分49秒	0	5

图 5-20　传票录入成长记录

实训 4　翰林提平板电脑数字录入

实训目的

通过数字录入训练指法基本功，养成正确的录入姿势和习惯。

实训步骤

01 进入数字录入界面（见图 5-21）。

图 5-21　数字录入界面

02 进入数字录入基础练习（见图5-22）。

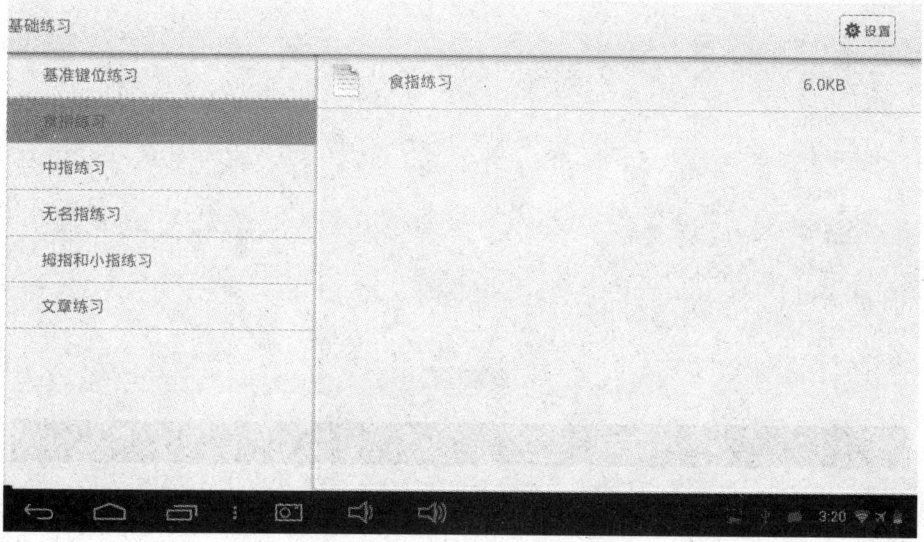

图5-22　数字录入基础练习界面

03 进入基础练习（食指练习）（见图5-23）。

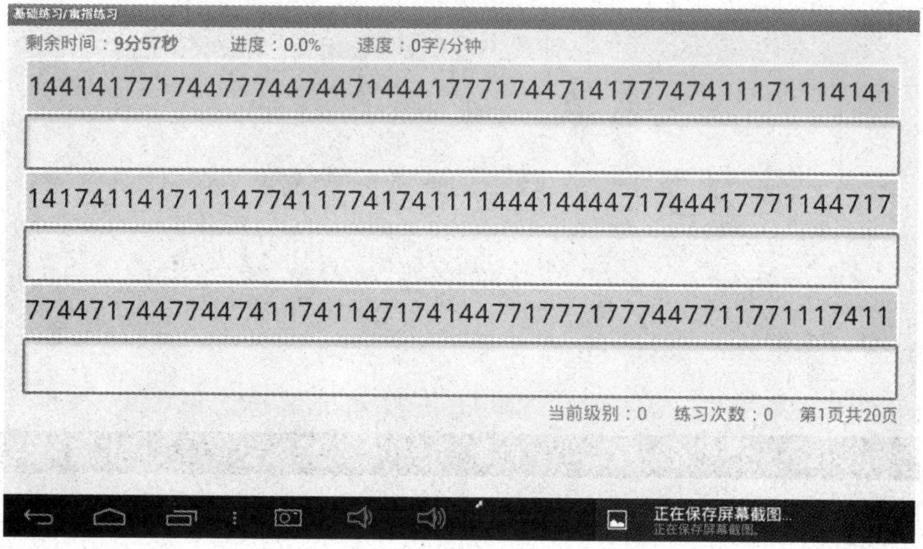

图5-23　食指基础练习界面

04 查看基础练习结果（见图5-24）。

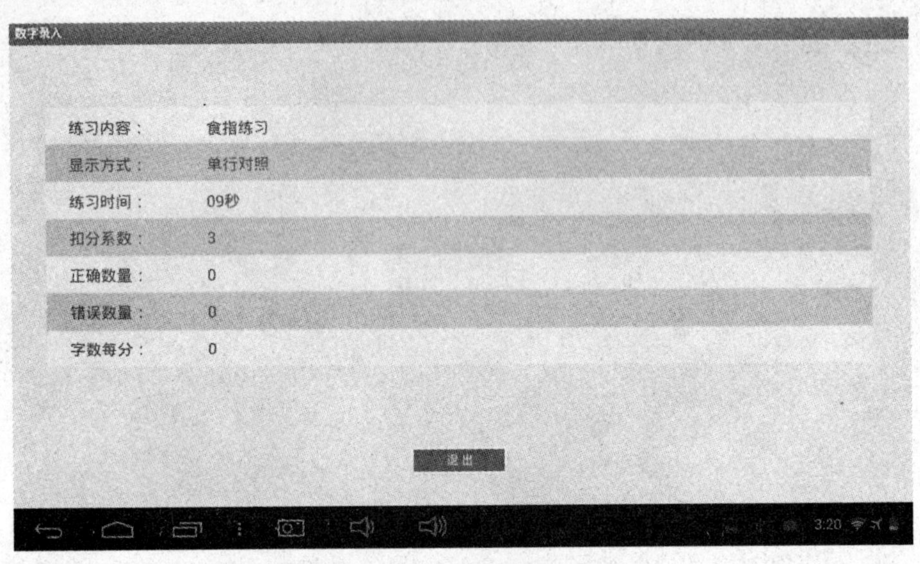

图 5-24　练习结果界面

05 查看错误统计（见图 5-25）。

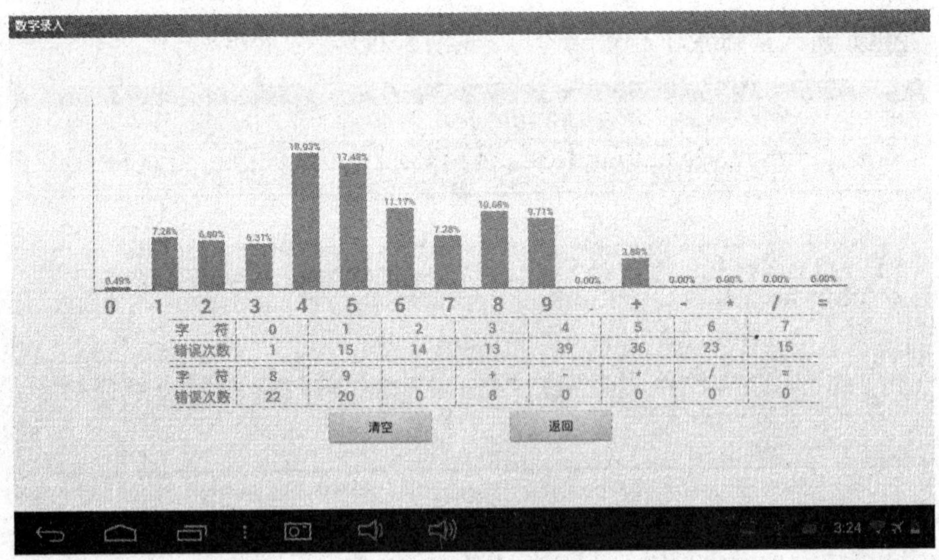

图 5-25　错误统计界面

06 进入综合练习（见图 5-26）。

图 5-26　综合练习界面

07 综合练习（随机数测试）（见图 5-27）。

图 5-27　随机数测试界面

08 查看随机数测试结果（见图 5-28）。

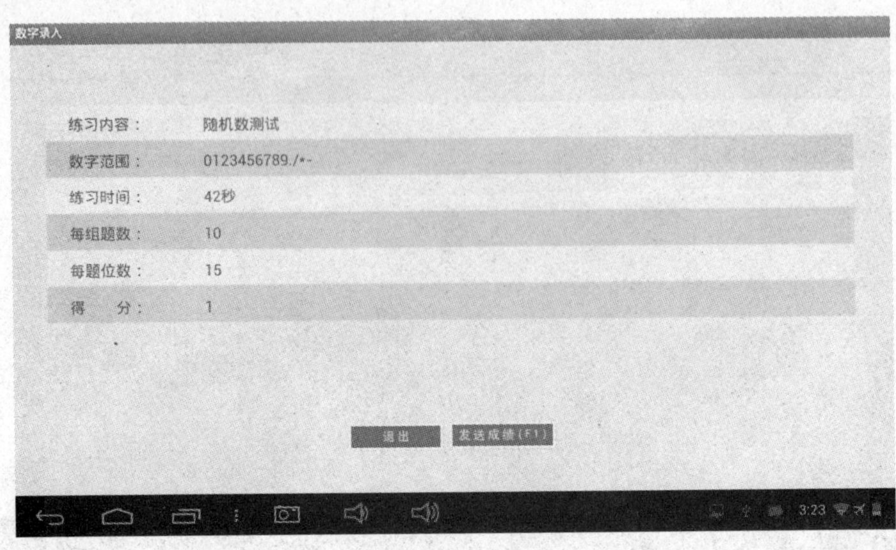

图 5-28　随机数测试结果

09 综合练习（条形码练习）（见图 5-29）。

图 5-29　条形码练习界面

10 查看条形码练习结果（见图 5-30）。

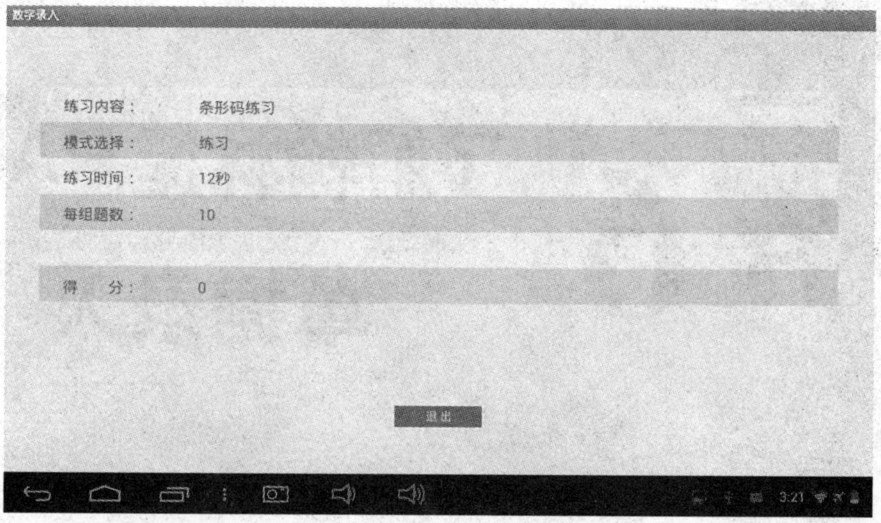

数字录入

练习内容：　条形码练习

模式选择：　练习

练习时间：　12秒

每组题数：　10

得　分：　0

退出

图 5-30　条形码练习结果

11 查看数字录入成长历程（见图 5-31）。

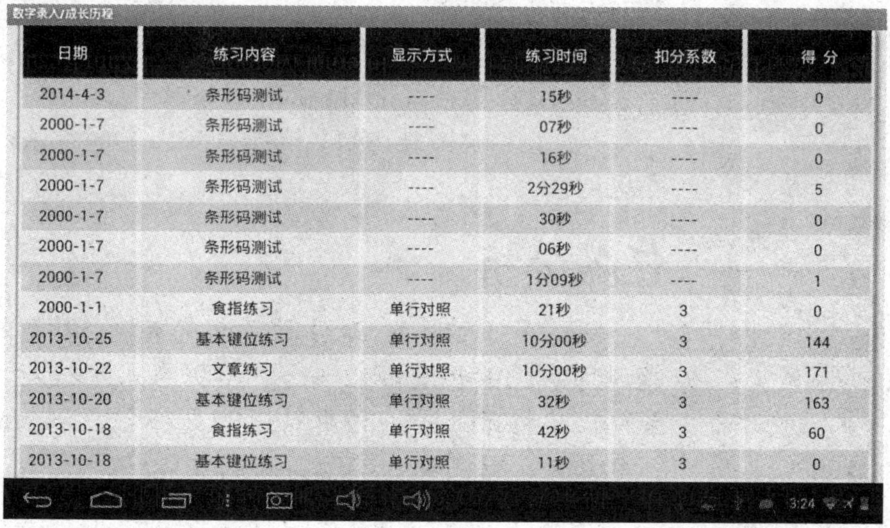

数字录入/成长历程

日期	练习内容	显示方式	练习时间	扣分系数	得 分
2014-4-3	条形码测试	----	15秒	----	0
2000-1-7	条形码测试	----	07秒	----	0
2000-1-7	条形码测试	----	16秒	----	0
2000-1-7	条形码测试	----	2分29秒	----	5
2000-1-7	条形码测试	----	30秒	----	0
2000-1-7	条形码测试	----	06秒	----	0
2000-1-7	条形码测试	----	1分09秒	----	1
2000-1-1	食指练习	单行对照	21秒	3	0
2013-10-25	基本键位练习	单行对照	10分00秒	3	144
2013-10-22	文章练习	单行对照	10分00秒	3	171
2013-10-20	基本键位练习	单行对照	32秒	3	163
2013-10-18	食指练习	单行对照	42秒	3	60
2013-10-18	基本键位练习	单行对照	11秒	3	0

图 5-31　数字录入成长历程

任务6 了解翰林提PAD单据录入

任务目标

1. 了解翰林提PAD单据录入的模块设置。
2. 了解翰林提PAD输入法的操作。
3. 了解翰林提PAD单据录入比赛的方法和比赛规则。

任务分析

随着爱丁翰林提PAD的不断完善，一种新的技能训练系统被开发出来——“单据录入”技能训练系统。单据录入是一种更贴近、更符合当今企业会计电算化、信息化的实际需求的技能。

随着会计电算化的普及，目前各企事业单位中80%以上的单位均已使用财务管理软件进行办公，能够认识并熟悉这些会计单据，是财务工作者必须具有的基本功，而能够将单据中的有关数据准确、快速地录入财务管理软件系统，则是实施会计电算化后会计从业人员新增的一种基本技能。

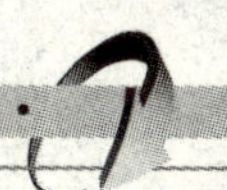

知识 1　翰林提 PAD 单据录入软件模块设置简介

本系统由爱丁翰林提 PAD（13）（包括主机和键盘）、单据本、单据录入训练软件三部分组成。采用平板电脑为载体，易于使用，方便携带。将企业常用的原始单据整合成单据本，学生模拟企业中系统录入员岗位，根据系统中的提示信息对原始单据的内容进行录入，录入完成后系统自动评判。该技能训练既可以让使用者进一步认识并熟悉这些单据，也可以提升汉字、英文、数字录入的综合技能，加强了对学生综合水平的考核，同时也更加贴近了企业的实际工作。

（1）模块设置

单据录入系统分为练习模式和比赛模式两种（见图 6-1）。

图 6-1　单据录入界面

（2）练习模式设置

1）随机系数。

随即系数为 0～9，0 为完全随机，1～9 为 9 个固定起始页的训练模式，默认为 0。

2）扣分系数。

扣分系数为 1～3，在答错或跳过不答时每个空扣除的分数（1～3 可选），默认为 2。

3）练习时间。

练习时间范围 5～20 分钟可选，默认为 20。

4）输入法选择。

输入法包括 2 种，拼音（搜狗输入法）和五笔（爱丁输入法 PAD 版），默认为拼音。

选择“练习模式”后进入单据本选择界面。

(3) 比赛模式设置

1) 输入法选择。

输入法包括 2 种，拼音（搜狗输入法）和五笔（爱丁输入法 PAD 版）。

2) 扣分系数。

固定为 2，即错误或不填，1 个空扣除 2 分（在得分中扣除）。

3) 比赛时间。

固定为 20 分钟。

4) 起始页。

起始页由考官在比赛现场随机选定。

选择“比赛模式”后进入单据本选择界面“单据录入套题”，可根据需求选择录入单据的码本，即单据录入（一）至单据录入（四）（见图 6-2）。

图 6-2　单据录入套题界面

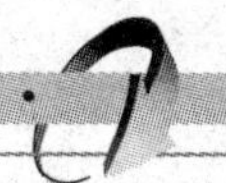

知识2　翰林提平板PAD输入法操作说明

首先进入平板的“设置”——“语言和输入法”，将爱丁输入法PAD版和搜狗拼音输入法前面的框勾选上。

1）拼音输入法。

输入法选拼音后，初始输入状态为中文拼音输入。按空格键输入选定内容，按对应的数字键也可输入备选的汉字。按方向键的“下箭头”可将备选的字翻页。

在中文状态下，切换英文按“Shift＋空格键”，切换后默认为英文小写。按住“Shift＋字母键”可输入英文大写。放开“Shift”键后按字母键即可输入小写字母。

从英文状态按“Shift＋空格键”切换成中文。

【提示】中英文切换时需要注意的几个问题：

① 先按住Shift键再去按空格键，否则可能切换不成功。

② 一只手按Shift键，另一只手按空格键，否则会出现空格键按偏不能响应的问题，无法成功切换。

2）五笔输入法。

输入法选择五笔后初始输入状态为中文五笔输入。按空格键输入选定内容。

切换英文按“F1键”，首次切换后默认为英文小写，按“Caps Lock”键切换英文大写。再按一次“Caps Lock”键切换英文小写。按“F2键”切换成中文五笔输入。再次从中文五笔状态下按“F1键”切换成英文会保留切换之前的英文大小写状态。也可以在五笔中文状态下按住“Shift＋字母键”直接输入大写英文字母。

一个项目录入完成按回车后输入法会自动回到五笔中文状态。

3）数字小键盘。

录入数字时推荐使用小键盘，确保小键盘灯是亮的（如不亮需按一下“Num Lock”键打开数字键盘）。

知识3　单据（录入）本

1）单据种类：包含常用的外来凭证和自制凭证共50种单据（见图6-3）

2）单据规格：长210mm×宽95mm。

3）纸张：70g白纸。

4）页码：单据100页＋封皮＋封底。

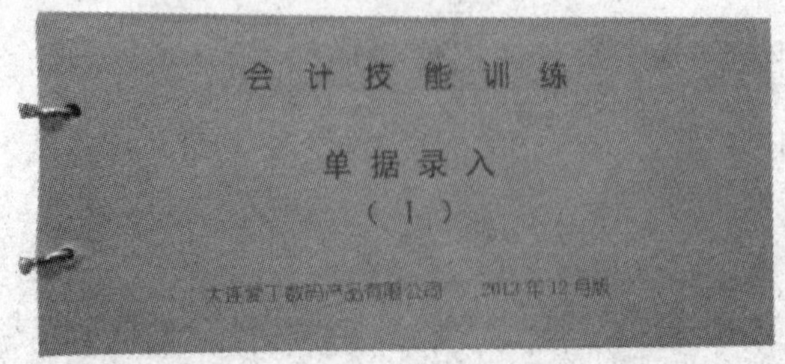

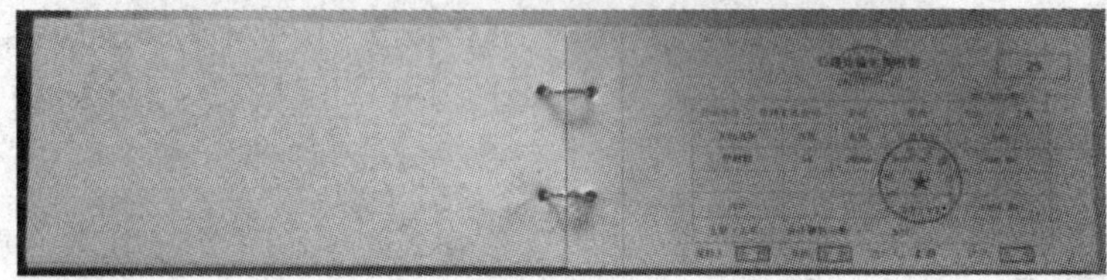

图 6-3 单据本

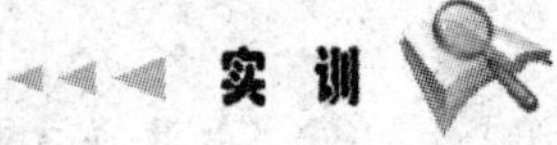

实训 单据录入比赛

实训目的

通过实训，了解并掌握单据录入的方法和技巧。

实训步骤

（1）选择进入比赛模式

主界面选择单据录入，并在选择“比赛模式”后进入单据本选择界面，即“单据录入套题”，可根据需求选择录入单据的码本，如选择单据录入（一）。

1）设置界面。

01 点击单据录入（一），进入设置界面（见图 6-4）。

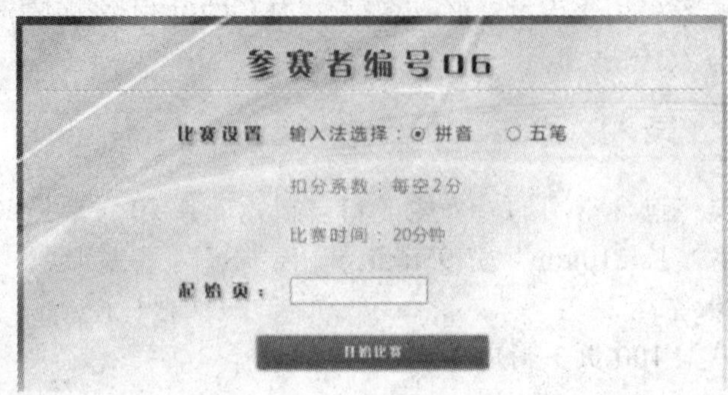

图 6-4 单据录入设置界面

02 确认参赛者编号是否正确。

03 选择录入汉字的输入法。

04 扣分系数：默认每空 2 分。

05 比赛时间：默认为 20 分钟。

06 输入起始页：现场抽签决定。

确认开始比赛后进入录入界面（例如，假设抽取的起始页为 15）。

2）填制方法。

01 单据本共 100 张，在设置好随机系数或确定起始页后，连续的 5 张单据为一组，在录入界面中有将要录入的单据的页码，页码后面括号内的数字范围为本组的 5 张单据的页码。

02 在页码的下面有单据录入信息的提示，在单据本中找到此页单据，根据提示的内容的在指定的录入框内录入（英文区分大小写，金额后面的“.00”也要输入，标点符号严格按照单据内容提示的要求填写）。打开录入界面后，默认录入区域在第一个空格处，录入完成一个空后按回车键（“Enter”键）录入下个空格的内容。

03 按回车键确认后的数据项不可以更正。录入完本单据的最后一个项目内容后按回车键自动跳转到下一张单据，5 张单据全部录完后自动跳转到下一组。

如在单据本中找到第 15 页的单据，根据系统提示的项目进行录入（见图 6-5）。

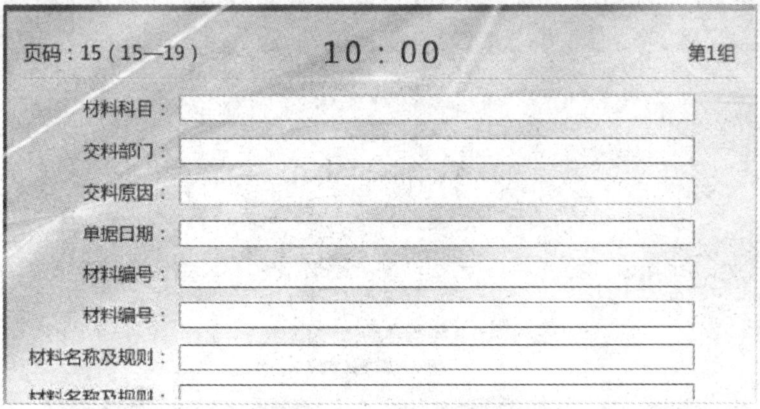

图 6-5　单据录入进行时

3）评分规则。

01 每张单据根据单据内容不同设 5～15 个空，每个空填制正确得 1 分。在练习模式中，录入数据错误或不录入数据按扣分系数不同，1 个空扣 1～3 分。而在比赛模式中固定每个空扣 2 分。扣分皆在所得分数中扣除。

02 计算公式。

总分＝填制正确的空的数量－填制错误和不填的空的数量×扣分系数

4）成绩发送。

01 在测试之前先连接上可用的 WIFI 网络，时间到后系统自动弹出成绩。

02 点击“发送成绩（F1）”可自动搜索教师机，连接成功会直接发送，成功发送后有“发送成功”的提示。

03 如未连接成功，提示发送失败，未搜索到教师机。此时应检查 WIFI 是否连接，连接成功后再次点击“发送成绩（F1）”进行发送。

5）成绩接收。

01 接收成绩的平板需要安装教师端程序并将该平板连上 WIFI 网络，打开程序，选择需要接受成绩的模块，练习模式或比赛模式（如果接收成绩的为 PC 端，需要安装相应的系统环境进行支持，PC 连接至与比赛设备的同一网络中，打开程序等待学生端提交成绩）。

02 打开后即可接收到发送者的机器在一键注册时填制的学号。点开此学号，即可查看该学号学生的成绩单。点击右上角的保存按钮，会将成绩导出到教师机的本地硬盘中。

03 查看该成绩的方法：资源管理器——Internal Memory——Exam Result——Excell 文件打开即可。也可将平板连上电脑，找到该文件在电脑上查看。

【提示】成绩发送、接收两项功能一般在比赛时使用（见图 6-6）。

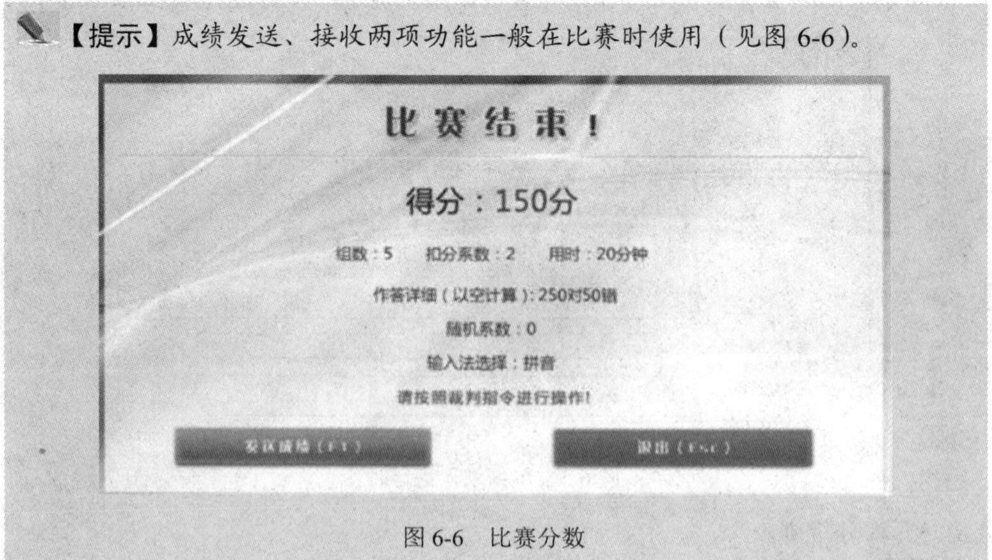

图 6-6 比赛分数

（2）比赛内容

竞赛设原始单据（见图 6-7）100 张，每张单据中设 5～15 个录入项目，每个录入项目为 1 题，按单据录入专用设备的程序和方法进行录入，录入内容范围包括：汉字、英文（区分大写/小写）、数字（0～9）、字符（逗号、句号、小数点）。本训练系统设有两种输入方式，拼音输入（搜狗拼音输入法）和五笔输入（爱丁输入法 PAD 版），可在比赛前设置时自行选择。单据 5 张一组，一组完成后随机跳转下一组，比赛时间限时 20 分钟，不限量，比赛成绩由系统自动生成（见图 6-8）。

材料出库单

材料科目：原材料

交料部门：仓管部门　　　　编号：5809

交料原因：出售　　2013年7月31日　　收料仓库：

材料编号	材料名称及规格	计量单位	数量		单位成本	金额
			出库	实收		
01	A材料	千克	200	200	15	3000
备注						

仓管员：张敏　　　　交料人：王建军

图 6-7　原始单据

组数：1　　页码：15（15～19）　　倒计时　15:35

单据名称：

材料科目：

交料部门：

交料原因：

交料原因：

单据日期：

材料编号：

组数5张单据为1组。页码为真实单据中的页码，括号中为本组单据的范围。倒计时：在1分钟后用红色字体提示。

单据中的提示信息，一行显示，每张单据是不同的。字数在10个以内。

录入区域，录入内容包括中文、英文、数字。字数10个以内。

图 6-8　单据录入

拓 展

拓展 1 单据录入教学训练指导方案

（1）总体要求

1）学校可利用本套训练系统指导学生日练、周测、月考核的途径切实提高汉字、英文和数字综合录入技能。

2）单据录入技能训练的管理主体为班主任，学校可统一安排时间（每天 30 分钟）训练，指导学生掌握录入技巧，切实提高能录入技能。

（2）日常技能训练

1）日常技能训练：由专业教学（指法指导）和基本功技能操练两部分构成。

2）作为课堂教学的延伸，单据录入的课外技能操练应得到班主任和任课教师的充分重视和积极指导，保证每天坚持不懈。

3）基本功训练采用班级统一训练，由班主任负责管理训练，一般每周用 4 天练习，用 1 天进行周测试。

4）课余时间布置任务，设定目标，引导学生自己练习。由任课教师每周布置练习内容，学生自行在课后练习，任课教师在下一周的课堂上给予检查练习效果。

（3）考试测试

1）周测试：每周由专业教研组组织进行周考，学生以班级为单位统一参加考试，考核内容由专业教研组确定。

2）月考、期末考：由教务处（或教学部）统一组织安排，由任课教师和班主任配合完成监考，由教务处（或教学部）汇总成绩并公布排名，并对于表现优秀的班级、班主任在公开场合表彰并张榜公布。

拓展 2 单据录入教学训练计划

单据录入的内容涵盖了汉字、英文、数字、标点符号等综合录入形式，对于专项训练的形式可在翰林提 PAD13 中的其他模块。如，五笔录入、数字录入、传票录入的模块中进行训练，本计划不再列入。本计划只列出单据录入训练相关的内容，因此课时的安排约为每周 1 节课，共排三个学期。另外，学生要想取得较好的成绩，仅仅靠课堂上的训练是远远不够的，必须要有与计划相互对应的足够的课外练习时间。

由于各学校教学计划有差异，本计划仅供参考（表 6-1），可根据实际情况进行调整。

表 6-1 单据录入训练计划表

单据录入训练计划表					
阶段设计	课程安排	课程内容	训练目标	训练内容	课时分配
第一学期计划安排					
第一阶段入门阶段	熟悉翰林提PAD13	翰林提 PAD13 基本操作、设置维护，键盘连接	熟悉机器的基本操作、设置	讲解	1 课时
	熟悉训练软件	软件的模块、系统设置、软件的结构、填制方法、评分的规则	熟练操作训练软件，了解软件结构、填制方法与评分的规则	讲解	1 课时
	熟悉输入法	输入法的选择（拼音/五笔）、中英文及英文大小写的切换方式，录入时的注意事项，符号的录入方法	了解 2 种输入法，熟练掌握中英文及英文大小写的切换方式，了解录入时的注意事项，掌握符号的输入方法	讲解	1 课时
	认识单据	单据的种类，熟悉填制内容、认识单据中的汉字	熟悉单据种类及填制的内容，陌生字的读音	讲解	2 课时
第二阶段初级阶段	练习	单据录入训练	80～100 分/20 分钟	练习模式	12 课时
	测试	单据录入测试	100 分/20 分钟	比赛模式	1 课时
第二学期计划安排					
第三阶段中级阶段	练习	单据录入训练	100～200 分/20 分钟	练习模式	18 课时
	测试	单据录入测试	200 分/20 分钟	比赛模式	1 课时
第三学期计划安排					
第四阶段高级阶段	练习	单据录入训练	200～300 分/20 分钟	练习模式	18 课时
	测试	单据录入测试	300 分/20 分钟	比赛模式	1 课时

附录1 2011年首届会计技能国赛回顾

2011 年全国职业院校技能大赛中职组会计技能比赛在山东潍坊商业学校举行，这是首届会计技能的全国大赛（如附图1）。本次比赛共有来自全国各地的33支代表队、144名选手参加。会计技能大赛的内容包括会计电算化（60%）、点钞（20%）和传票翻打（20%）等三个项目。比赛最终结果有15位选手获得一等奖，29位选手获得二等奖，43位选手获得三等奖（如附图2）。

附图1 2011年国赛现场图

2011年全国职业院校技能大赛中职组会计技能比赛

会计实务

■点钞 ■翻打传票 ■会计电算化

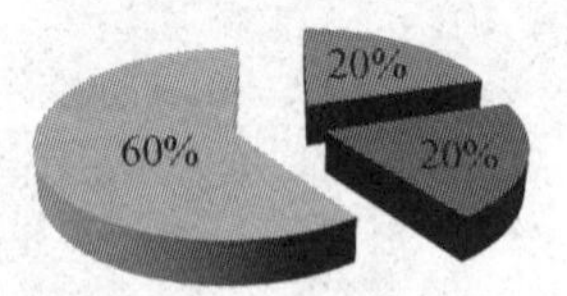

36个代表队

144名选手

奖项	获奖人数
一等奖	15名
二等奖	29名
三等奖	43名

附图2 2011年国赛会计技能比赛

其中，传票翻打项目比赛的最高分为 386 分，是来自上海商业会计学校的选手。

总体成绩分布情况见附表1。

附表1　总体成绩分布表

成绩区间/分	对应人数/人	占比/%
300～400	14	9.72
200～300	70	48.61
100～200	51	35.42
100以下	9	6.25

国赛15所获得金牌学校使用翰林提实训机的情况见附表2。

附表2　金牌学校使用翰林提实训机情况表

获得金牌学校	使用年限	使用方式
上海商业会计学校	5年以上	人手一机
上海市南湖职业学校	2年以上	人手一机
江苏省苏州市旅游学校	2年以上	人手一机
常州市刘国钧职业教育中心	3年以上	人手一机
湖北省武汉市财政学校	2年以上	人手一机
厦门工商旅游学校	2年以上	人手一机

传票翻打国赛比赛规则见附表3。

附表3　传票翻打国赛比赛规则表

项目	介绍
传票翻打	比赛10分钟，每20个数据为一题（一组），每题20分
比赛设备	采用爱丁产品T系列实训机
传票码本	传票码本为活页式，规格为长约19厘米，宽约8厘米的70G规格书写纸，用4号手写体铅字印刷，每本传票共100页，每页五行数，由四至九位数组成。其中四、九位数各占10%，五、六、七、八位数各占20%，都有两位小数；页内依次印有（一）至（五）的行次标记，设任意20页的20个数据（一组）累加为一题，0－9十个数字均衡出现
评分规则	比赛题目限时不限量，比赛成绩由翰林提专用系统自动生成。正确1组得20分，错误不得分，最后一组计算小分。总分＝20×正确组数＋最后一组小分

附录 2　单据录入比赛规则

1．比赛现场设裁判若干名。

2．使用组委会统一提供的单据本及爱丁数码翰林提 PAD13 输入设备。

3．比赛前选手按主裁判的提示要求检查、整理单据本，检查比赛设备。

4．按主裁判的“准备”口令在比赛设备系统中选择“比赛模式”，选择“单据录入（一）”，确认参赛者编号，选择录入汉字时使用的输入法（系统中包含五笔和拼音两种），选定一种输入法后中途不可变更。

5．按主裁判的“起始页为第××页”口令输入起始页数字。

6．按主裁判“开始”口令点击“开始比赛”按钮开始比赛。

7. 按系统提示的单据页数和单据中指定的录入项目在输入框内进行录入，每个录入项目在录入过程中可以按回车键上方的“←”键修改，按下回车键“Enter”确认后不可以更改。

8. 现场计时时间到后由主裁判宣布“比赛结束”的口令（选手如因开始时间延后的原因系统时间未到的可继续操作，但不得超过 10 秒）。在系统自动弹出得分界面后停止操作。

9．按主裁判的“按 F1 键发送成绩”的口令发送成绩。

10．按主裁判的“退场”口令统一组织退场。

附录3　单据录入赛项比赛须知

1．若非键盘本身硬件问题，比赛现场将不允许选手更换键盘，尤其是选手因键盘手感等个人主观因素提出更换键盘的，将不予更换。

2．比赛现场比赛未开始前，如果选手对设备存在疑问，请举手示意，现场考务人员会进行解答，比赛开始后，不允许更换设备。

3．比赛时单据本不要放在键盘上，否则会影响汉字内容录入及按压键盘的错误操作，由此引发的后果由选手自行承担。

4．比赛开始前由选手自行选择录入汉字时使用的输入法，包含五笔和拼音两种录入方式，选定一种输入法后中途不可变更。

5．比赛流程：

选手入场→等待裁判指令→选手测试设备（有问题，请举手示意，时间五分钟）→试机结束→选手根据裁判指令选择输入法→领导抽取起始页→录入起始页→等待裁判开始指令→开始比赛→比赛时间到，系统自动评分→根据裁判指令提交成绩→等待退场。

6．比赛结束后，选手对比赛中有争议的问题，应由领队向申诉委员会提出申诉。

7．有下列情况之一者得分无效，成绩记零分，并对此类申述不予以受理：

1）影响他人比赛、中途自行离场或退出比赛系统；

2）对键盘和设备进行非法操作；

3）个人原因造成系统故障或损坏；

4）初始页码填错；

5）裁判宣布比赛结束10秒后仍在操作。

8．选手报到处，备有单据录入比赛用设备，供选手熟悉设备操作。